Robert Fischer

Adelbert von Chamisso
Weltbürger, Naturforscher und Dichter

*Autor und Verlag danken Dorothea von Chamisso
für die freundliche Ermunterung und für
hilfreiche Anregungen zu diesem Buch.
Sie hat uns großzügig Bildmaterial aus ihrem
Archiv zur Verfügung gestellt und uns in
jeder Beziehung unterstützt.*

Robert Fischer

Adelbert von Chamisso

Weltbürger, Naturforscher und Dichter

Vorwort von Rafik Schami

Mit zahlreichen Abbildungen

Erika Klopp Verlag

CIP-Titelaufnahme der Deutschen Bibliothek
Fischer, Robert:
Adelbert von Chamisso : Weltbürger, Naturforscher und Dichter / Robert Fischer. Vorw. von Rafik Schami
Berlin ; München : Klopp, 1990
ISBN 3-7817-0575-7

Printed in Germany
Umschlaggestaltung: Franz Grichtmaier
Layout: Hanne Koblischka
Satz: IBV Satz- und Datentechnik, Berlin
Lithographie: Brandt & Vejmelka, Berlin
Druck: Druckhaus Langenscheidt, Berlin
Bindung: Schöneberger Buchbinderei, Berlin
Auflagenkennzeichnung
(letzte Ziffern maßgebend)
Auflage: 5 4 3 2 1
Jahr: 1994 93 92 91 90

Inhalt

Wer zwischen den Stühlen sitzt, verteidigt keinen

Lieber Großvater,

der Erika Klopp Verlag wandte sich an mich, einen Deiner Ururenkel, mit der Bitte, ein Vorwort für Deine Biographie zu schreiben. Ich stimmte sofort zu, obwohl ich mitten in einer Erzählreise bin. Sie führt mich durch Hunderte von Orten, darunter viele, an denen Du auch einmal gewesen bist. Berlin und Hameln waren zwei dieser Städte, die für Dich entscheidende Bedeutung hatten.

Auf diese Reise nahm ich alle möglichen Bücher über Dich mit. Die Hotels sind noch langweiliger als zu Deiner Zeit, deshalb vergnügte ich mich mit Dir. Ich studierte Dein Leben und Werk zum zweitenmal. Damals, als ich den erstmals verliehenen Adelbert-von-Chamisso-Förderpreis bekam, kannte ich nur Deinen Schlemihl. Ein Buch erschien danach über Dich und uns. Sein Titel: Chamissos Enkel. So kam ich zu Dir, Großvater!

Nun las ich die vorliegende Biographie, eine von Robert Fischer sachlich und spannend geschriebene Würdigung Deiner Person, die weder meiner Fürsprache noch meines Vorwortes bedürfte.

Da ich kaum Vorworte lese und nicht gerne schreibe, was kein Mensch lesen will, habe ich meine Entwürfe zu einem ernsten und sehr geschwollenen Vorwort in den Papierkorb geworfen. Am besten, dachte ich, schreibst du einen Brief. Ja, Großvater, Du lebst frischer denn je, und das 152 Jahre nach Deinem physischen Tod. Sei sicher, ich würde Toten nicht schreiben, auch wenn sie noch atmeten. Du aber lebst. Vor einem Jahr noch las ich im »Raben«, einer der wenigen guten Literaturzeitschriften, Dein Gedicht über den Säufer Hans Jürgen und wie ihn seine listige Frau bestrafte. Ein lustiges Gedicht.

Großvater, mein Brief entsteht unterwegs und ist gebrochen wie mein Alltag. Ich schreibe Dir im Hotel, Café und Zug und will den Brief so lassen, wie er entstanden ist. Geschliffene Briefe mag ich nicht.

Donaueschingen, 2. 2. 90

Die Erde hat sich seit Deinem Tod sehr verändert. Sie ist noch kleiner geworden; Länder und Kontinente rückten zusammen, und doch sind sich die Menschen noch fremder geworden.

Weinheim, 5. 2. 90

Viele Verdienste hast Du. Eine Insel, ein Platz in Berlin und viele Straßen in Deutschland tragen Deinen Namen, doch das interessiert Dich, wie ich Dich kenne, kaum. Deine Werke werden immer wieder herausgegeben. Viele Deiner Gedichte aber verblaßten mit der Zeit, denn auch die Liebe ist anders geworden, nüchterner. Deine sentimentalen Liebeslieder singt heute kaum einer. Sei nicht traurig; wenn von Dir vieles verschwindet, so bleibt Schlemihl unsterblich! Heute läßt sich diese wunderbare Geschichte genau so lesen, wie Du sie damals den Kindern auf dem märkischen Gut bei Kunersdorf erzählt hast. Kunst ist, was bleibt, das haben die alten Griechen schon gewußt. Und Dein Schlemihl ist Kunst.

Viele Ururenkel hast Du inzwischen, auf die Du stolz sein kannst. Sie schreiben in fremder Zunge, und ihr Herz wird nicht gespalten, sondern reicher und bunter dabei.

Bad Bevensen, 7. 2. 90

Deine Menschenliebe und Achtung vor fremden Kulturen haben Dich dazu veranlaßt, die Lieder und Gebräuche auf Ratak aufzuzeichnen und damit ein Zeugnis für die Nachwelt zu hinterlassen, denn bald fielen die Missionare über die Kultur her und walzten sie nieder. Solche Missionare gibt es heute nicht mehr, dafür Hamburgerketten, und die walzen weiter.

Berlin, 15–16. 2. 90

In Deiner Stadt Berlin entstand einst eine Mauer. Sei froh, daß Du sie nicht erlebt hast. Du hättest bestimmt keine Erlaubnis bekommen, nach Greifswald oder Dresden zu fahren. So wie Du ausgesehen und Dich benommen hast, hättest Du eine Antwort mit sächsischem Akzent erhalten: »Sie sind in unserer Deutschen Demokratischen Republik unerwünscht!« Ich habe sie bekommen, gratis und ohne Grund.

Nun krachte die Mauer zusammen, die die Stadt über 40 Jahre in zwei Teile trennte, doch da ist etwas Seltsames passiert. Dir kann ich es ja erzählen, denn viele deutsche Freunde glauben es einfach nicht.

Statt diese häßliche Mauer beschämt zu begraben, fingen die Deutschen an, sie mit Pikeisen, Hammer und Hacke zu zerteilen. Sie schenkten sie Freunden, als wären die grauen Brocken Blumen oder Muscheln aus exotischen Ländern, ja, es gab sogar regen Handel mit den häßlichen Mauerbrocken. Viele meiner Freunde stellten die Stücke auf ihre Regale oder hoben sie in mit Samt gefütterten Schachteln auf, als wären sie Juwelen. Die haßerfüllte Mauer rächte sich bald. Mein Freund Herrmann hatte ein solches Stück auf dem Regal. Wir tranken Wein in seinem Zimmer in Kreuzberg. Er saß mit dem Rücken zum Regal und bemerkte nichts. Ich aber sah, wie der Mauerbrocken von Minute zu Minute größer wurde. Seine scharfen Kanten näherten sich dem Kopf meines Freundes. Ich schrie, er solle wegrücken von der Mauer, doch er lachte mich aus. Eine scharfe Kante stieß Herrmann an die linke Schläfe. Er blutete leicht. Plötzlich fing er an, mir mit glänzenden Augen vom deutschen Volk zu erzählen und von der weltweiten Verschwörung gegen ein großes und friedliches Deutschland.

Ich stand erschrocken auf und flehte ihn mit trockener Kehle an, er solle sich vor der Mauer retten, doch er wischte mit seiner flachen Hand das Blut weg und fragte: »Wegen dieser kleinen Schramme?« Und er schimpfte auf die Polen. Ich rannte in die Nacht hinaus. Seitdem sehe ich viele Menschen, bei denen die verfluchte Mauer sich – genau wie bei Herrmann – durch eine kleine Wunde in den Kopf hineingeschmuggelt hat; unsichtbar ist sie und dicht wie keine Mauer der Welt.

Gerhard Polt, einer der besten Satiriker dieses Landes, würde Deinen Namen, meinen und das Gefühl der Minderheit in diesem Land, die genau wie Du immer zwischen allen Stühlen sitzt, in dieser Zeit mit einem Satz beschreiben: I scham mi so!

Verstehst Du Bairisch?

Wolfenbüttel, 19. 2. 90

Großvater, weißt Du, welche Frage die dümmste ist, die einem ausländischen Autor hier gestellt wird: »Warum schreiben Sie auf deutsch?« Wenn man nach dem »Wie« fragen würde, wäre die Frage gar nicht dumm, doch »warum«! Ich habe mich anfangs bemüht und brachte irgendein Gebrabbel heraus, doch seit ein paar Jahren antworte ich lächelnd: »Weil die Deutschen kein Arabisch können!« Gut, was? Schluß damit. Auch das Geplappere von den gespaltenen Seelen der Emigranten kann ich nicht mehr hören. Manche haben zwei, andere entdecken drei Seelen in sich, und manch ein Emigrant behauptet, er habe gar keine Seele und Identität. Das ist Schwachsinn. Wir haben mehrere Identitäten in einer, der unsrigen, die durch die Emigration nur komplexer und reicher wird, auch in all ihren Brüchen.

Hameln, 20. 2. 90

Ich liebe Deine Definition des Militärs im Brief an Deine Schwester im Jahre 1800: »... und der Kern unserer Friedenskompanien ist ein abscheulicher Mischmasch des Abschaums aller Nationen... wenn Du mich nach ihrem Geiste fragtest, so muß ich antworten: sie haben keinen...« Schade, daß Du so lange mit Dir gerungen hast, bis Du dem Militär den Rücken gekehrt hast. Mit meiner Freundin bin ich heute an der Weser spazierengegangen. Ich habe dabei an Deine Briefe und die verzweifelten Anträge und Bitten um Entlassung aus der Armee gedacht und ihr davon erzählt. Sie kennt Dich gut. Deine Zerrissenheit hat wie bei jedem Emigranten keine Grenze. Du, einer, der nichts zu verteidigen hat, wenn Herrscher Gebiete unter sich aufteilen, wolltest in den Tod gehen. Gott sei Dank ist Dir das nicht gelungen. Ein Gedicht oder ein Märchen, das Du später für die Nachwelt geschrieben hast, ist wertvoller als der ganze nationalistische Schwachsinn. Deshalb verstehst Du mich sicher, wenn mir Dein Auftritt in Hameln und Deine flammende Rede zur Verteidigung der Ehre der Stadt überhaupt nicht gefallen. Später in Berlin hast Du Dich vom ganzen nationalistischen Rummel nicht beeindrucken lassen, Du hast Dich angeekelt auf das Landgut bei Kunersdorf zurückgezogen, und wir haben den Schlemihl bekommen. Wie gut war hier Deine Entscheidung, Großvater! Wer zwischen den Stühlen sitzt, verteidigt keinen.

Wechta, 21. 2. 90

Dein Satz an Madame de Staël: »Ich bin nirgends am Platze, ich bin überall fremd« gilt für alle Emigranten und Minderheiten bis heute noch. Ich wollte Dir heute viel schreiben, aber ich bin müde. Ich übernachte in einem Kloster. Stell Dir vor, ich in einem Kloster! Die Nonnen sind aber lieb zu mir.

Herford, 22. 2. 90

Heute bin ich bei meinem Freund Udo. Er ist ein Büchernarr und Verachter aller sichtbaren und unsichtbaren nationalen Grenzen genau wie Du. Bei einem Spaziergang in der Stadt entdeckte ich einen wunderschönen Spruch auf einer Mauer. Unter einem durchgestrichenen Nazispruch »Ausländer raus!« stand: »Liebe Ausländer, laßt uns nicht alleine mit diesen Deutschen.« Toll, nicht wahr, Großvater? Wir bleiben!

Schweinfurt, 6. 3. 90

Mögen sich die Germanisten, Philologen und Botaniker über die Bedeutung Deiner Literatur und botanischen Forschung die Haare raufen, Deine Größe besteht darin, daß Du durch persönliches Unglück zur Größe der Menschlichkeit gelangt bist.

Regensburg, 15. 3. 90

Ich wußte schon von Deiner Solidarität mit dem Freiheitskampf des griechischen Volkes gegen die osmanische Besatzung, und auch von Deiner eindeutigen Haltung für die Völker Amerikas, als sie gegen die spanischen Kolonisatoren kämpften. Du bist wirklich durch die Emigration zum Weltbürger geworden. Man entzog Dir die französische Heimat, da wurde die Welt Dein Zuhause.

Heute habe ich aber genau erfahren, wie Du zu Heinrich Heine gestanden hast, als er in diesem Land verhaßt war. Alle Achtung, Großvater! Hast Du je gelesen, was er über Dich geschrieben hat? Hier ist es: »Sein Herz ist ja so jung und blühend; in ihm ist der Mensch nicht geschieden von dem Dichter, sein Wort ist sein Herz...« Freust Du Dich? Ich liebe Heine!

Kirchheimbolanden, 31. 3. 90

Heute ist meine Erzählreise zu Ende. Das Wetter draußen ist herrlich, und ich sitze trotzdem gerne hier drinnen am Schreibtisch, um meinen Brief an Dich abzuschließen. Großvater, Du hast Glück, daß Du bis zum Ende Deines Lebens ein paar gute Freunde gehabt hast, die Dich anerkannt und geliebt haben. Diese Anerkennung und Achtung gaben Dir eine Heimat. Es ist die einzige Heimat unserer Erde, die niemals Rassenhaß oder Nationalismus hervorruft. Diese Heimat habe ich bei Freunden gefunden, und ich werde ihr und Dir verbunden bleiben.

Lebe wohl!
Dein Rafik

EINLEITUNG

Der alte Sänger

Der Mann war groß und hager, lange Haare hingen ihm auf die Schultern hinab, sein Gesicht hatte einen eigentümlichen Ausdruck von Wohlwollen und Festigkeit; es lag darin gleichzeitig etwas Zartes und Kräftiges, Abgespanntes und Kühnes. Unsere Unterhaltung begann in deutscher Sprache; der mir unbekannte Mann drückte sich mit einer besonderen Energie aus, jedoch, wie es mir schien, nicht ohne einige Anstrengung und besonders mit einem mir ganz neuen Akzent. Ich meinerseits drechselte im Schweiße meines Angesichts mühsam deutsche Perioden. Während wir dergestalt miteinander redeten, brach auf einmal ein Dritter, der uns zugehört hatte, mit lautem Gelächter in die Worte aus: ›Meine Herren, machen Sie es sich doch bequem und sprechen Französisch.‹ Der Mann mit der hohen Gestalt und den langen Haaren war ein von der Natur auf seltene Weise ausgestatteter, aber vom Schicksal lange verfolgter Mann, ein französischer Emigrant und ein preußischer Offizier, ein Edelmann und ein Liberaler, ein Dichter und ein Botaniker, der Autor eines phantastischen Romans und ein Weltumsegler, es war ein Deutscher und ein geborener Franzose; kurz – es war Chamisso.«

Diese Beschreibung des französischen Literaturwissenschaftlers Jean Jacques Ampère, der Adelbert von Chamisso 1827 in Berlin kennengelernt hatte, weist auf das auffälligste Merkmal seiner Biographie hin: Es war ein Leben in Gegensätzen. Die Art und Weise, wie Chamisso sich über diese tatsächlichen oder vermeintlichen, in jedem Fall aber lange Zeit für unvereinbar gehaltenen Gegensätze hinwegsetzte, macht einen großen Teil der Faszination seiner Lebensgeschichte aus und erklärt, weshalb Heinrich Heine Chamisso bereits in seiner 1835 veröffentlichten »Romantischen Schule« als einen der »eigentümlichsten und bedeutendsten modernen Dichter« bezeichnete, der »weit mehr dem jungen als dem alten Deutschland angehört«.

Adelbert von Chamissos Eltern

Louis Marie de Chamissot

Marie Anne de Chamissot, geb. Gargam

Chamissos wissenschaftliche Veröffentlichungen, weit umfangreicher als sein dichterisches Werk, sind heute nur noch wenigen bekannt, doch seine volkstümlichen Balladen fehlten lange Zeit in keinem deutschen Lesebuch. Am nachhaltigsten wirkt jedoch seine Erzählung *Peter Schlemihls wundersame Geschichte,* die 1814 erschien und ein Welterfolg wurde. Immer wieder ist auf die Ähnlichkeit hingewiesen worden, die das Schicksal des Mannes ohne Schatten mit der Lebensgeschichte Chamissos aufweist. Er selbst habe bei passender Gelegenheit gern darauf angespielt. Tatsächlich zeigt zum Beispiel eine von Franz Joseph Leopold am 26. September 1813 in Kunersdorf angefertigte und der ersten und dritten Ausgabe der Erzählung beigegebene Abbildung, die angeblich Peter Schlemihl bei der Übergabe des Manuskripts darstellt, in Wirklichkeit ein Porträt Chamissos, nur durch einen langen Bart geringfügig kaschiert. In einer späteren Schilderung Dietrich von Schlechtendals scheint dieses Porträt lebendig geworden zu sein: »Überall war Chamisso voran, der erste, der eifrigste, von kräftigem Körper und fester Ausdauer. Eine alte schwarze Kurtka oder eine nicht minder alte verschossene und fleckige Sommerkleidung, bestehend aus runder Jacke und langen Beinkleidern aus dem selben olivgrünen Zeuge, ... eine schwarze Mütze von Samt oder Tuch auf dem lockigen Haupte, eine mächtige grüne Kapsel an ledernem Riemen umgehängt, eine kurze Pfeife im Munde, ein schmuckloser Tabaksbeutel irgendwo angehängt, einige Lebensmittel aus den kleinen Seitentaschen der Jacke hervorschielend, das war der Aufzug, in welchem er auszog, und abends durch Schweiß und Staub nicht verschönert, oft noch ein kräutergefülltes Taschentuch in der Hand, den geputzten Scharen der Berliner Sonntagswelt entgegentrat und uns gutmütig neckte, wenn wir nicht mit ihm den geraden Weg durch die Stadt ziehen wollten...«

Zweifellos wäre es jedoch verfehlt, Peter Schlemihls Geschichte als dichterische Autobiographie Chamissos zu lesen. Wie Volker Hoffmann in seinem Nachwort zu einer 1975 erschienenen zweibändigen Werkausgabe schreibt, sind die autobiographischen Bezüge ironisch und damit distanziert eingebaut. Schlemihl ist eine literarische Kunstfigur, der Mann ohne Schatten ist nicht Chamisso.

In diesem Sinne sollen auch die den einzelnen Kapiteln vorangestellten Zitate aus dem *Schlemihl* nicht als Versuch verstanden werden, Leben und Werk gleichzusetzen. Sie sollen lediglich ein zusätzliches Angebot sein, sich mit der Gefühls- und Gedankenwelt des Autors vertraut zu machen, Zugang zu dem Menschen und seiner Dichtung zu finden. Es lohnt sich auch heute noch – oder gerade in unserer Zeit, in der am »europäischen Haus« gebaut wird, während die Stimmen gegen Ausländer im eigenen Land immer lauter werden.

Chamisso hat die Gegensätze zweier Nationen erfahren und in seinem Leben zu vereinen gesucht. Er war ein früher Bürger Europas. Seine Hinwendung zur Natur und die Konsequenz, mit der er schließlich seine Neigung zum Beruf machte, die Erfahrungen des Weltreisenden als Teilnehmer einer russischen Entdeckungsexpedition; die liberalen Anschauungen des aus einem alten Adelsgeschlecht stammenden Dichters, der sich bis in seine letzten Jahre hinein einen Blick für soziale Mißstände bewahrte und für alles Neue aufgeschlossen blieb, rücken seinen Lebensweg, der vor mehr als 150 Jahren endete, in ein verblüffend aktuelles Licht. Lassen wir uns ein auf den »alten Sänger«, wie er sich zeit seines Lebens gern selbst stilisierte:

DER ALTE SÄNGER

Sang der sonderbare Greise
Auf den Märkten, Straßen, Gassen
Gellend, zürnend seine Weise:
 Bin, der in die Wüste schreit.
Langsam, langsam und gelassen!
Nichts unzeitig! nichts gewaltsam!
Unablässig, unaufhaltsam,
 Allgewaltig naht die Zeit.

Torenwerk, ihr wilden Knaben,
An dem Baum der Zeit zu rütteln,
Seine Last ihm abzustreifen,
 Wann er erst mit Blüten prangt!
Laßt ihn seine Früchte reifen
Und den Wind die Äste schütteln,
Selber bringt er euch die Gaben,
 Die ihr ungestüm verlangt.

Und die aufgeregte Menge
Zischt und schmäht den alten Sänger:
Lohnt ihm seine Schmachgesänge!
 Tragt ihm seine Lieder nach!
Dulden wir den Knecht noch länger?
Werfet, werfet ihn mit Steinen!
Ausgestoßen von den Reinen
 Treff ihn aller Orten Schmach!

Sang der sonderbare Greise
In den königlichen Hallen
Gellend, zürnend seine Weise:
 Bin, der in die Wüste schreit.
Vorwärts! vorwärts! nimmer lässig!
Nimmer zaghaft! kühn vor allen!

Unaufhaltsam, unablässig,
  Allgewaltig drängt die Zeit.

Mit dem Strom und vor dem Winde!
Mache dir, dich stark zu zeigen,
Strom- und Windeskraft zu eigen!
  Wider beide, gähnt dein Grab.
Steure kühn in grader Richtung!
Klippen dort? die Furt nur finde!
Umzulenken heischt Vernichtung:
  Treibst als Wrack du doch hinab.

Einen sah man da erschrocken
Bald erröten, bald erblassen;
Wer hat ihn herein gelassen,
  Dessen Stimme zu uns drang?
Wahnsinn spricht aus diesem Alten;
Soll er uns das Volk verlocken?
Sorgt den Toren festzuhalten,
  Laßt verstummen den Gesang.

Sang der sonderbare Greise
Immer noch im finstern Turme
Ruhig, heiter seine Weise:
  Bin, der in die Wüste schreit.
Schreien mußt ich es dem Sturme;
Der Propheten Lohn erhalt ich!
Unablässig, allgewaltig,
  Unaufhaltsam naht die Zeit.

1 Kindheit in Frankreich

Zwischen Traum und Wirklichkeit: *Das Schloß Boncourt.* Frühe Liebe zur Natur. Die Idylle wird brüchig: Ausbruch der Französischen Revolution

Er steckte die Hand in die Tasche und zog einen mäßig großen, festgenähten Beutel, von starkem Korduanleder, an zwei tüchtigen ledernen Schnüren heraus und händigte mir selbigen ein. Ich griff hinein und zog zehn Goldstücke daraus, und wieder zehn, und wieder zehn, und wieder zehn; ich hielt ihm schnell die Hand hin: »Topp! der Handel gilt, für den Beutel haben Sie meinen Schatten.« Er schlug ein, kniete dann ungesäumt vor mir nieder, und mit einer bewundernswürdigen Geschicklichkeit sah ich ihn meinen Schatten, vom Kopf bis zu meinen Füßen, leise vom Grase lösen, aufheben, zusammenrollen und falten und zuletzt einstecken. Er stand auf, verbeugte sich noch einmal vor mir und zog sich nach dem Rosengebüsche zurück… Ich aber hielt den Beutel bei den Schnüren fest, rund um mich her war die Erde sonnenhell, und in mir war noch keine Besinnung.

Peter Schlemihls wundersame Geschichte

Adelbert von Chamisso wurde zwischen dem 27. und dem 30. Januar 1781 als sechstes von sieben Kindern des Grafen Louis Marie de Chamissot und dessen Frau, Marie Anne Gargam, auf Schloß Boncourt bei Sainte-Menehould in der Champagne geboren und am 31. Januar auf den Namen Charles Louis Adélaïde getauft. Der genaue Geburtstag ist ungewiß: »Wann und ob ich überhaupt geboren bin«, schreibt er im *Tagebuch,* dem ersten Teil seiner *Reise um die Welt,* »ist im Dokumente nicht verzeichnet; Zeugen sind nicht mehr zu beschaffen, und es streitet nur die Wahrscheinlichkeit dafür.«

Die Chamissos stammten aus altem lothringischen Adel mit einem bis ins Jahr 1305 zurückreichenden Stammbaum. Der Schriftsteller Julius Eduard Hitzig, Chamissos langjähriger Freund und sein erster Biograph, berichtet, die Familie habe neben dem Stammschloß Boncourt mehrere Güter und umfangreiche Ländereien besessen und sich durch treue Anhänglichkeit an ihre Lehnsherren, die Herzöge von Lothringen, ausgezeichnet. Sie habe bedeutende Ämter im Herzogtum verwaltet und sei »glänzende eheliche Verbindungen« eingegangen, wodurch sie mit vielen regierenden Häusern Europas verwandtschaftlich verbunden war. Chamisso selbst hat seinen Geburtsort in dem 1827 erstmals gedruckten Gedicht *Das Schloß Boncourt* verewigt:

Ich träum als Kind mich zurücke,
Und schüttle mein greises Haupt;
Wie sucht ihr mich heim, ihr Bilder,
Die lang ich vergessen geglaubt?

Hoch ragt aus schattgen Gehegen
Ein schimmerndes Schloß hervor,
Ich kenne die Türme, die Zinnen,
Die steinerne Brücke, das Tor.

Das Wappen der Familie Chamisso

Es schauen vom Wappenschilde
   Die Löwen so traulich mich an,
Ich grüße die alten Bekannten,
   Und eile den Burghof hinan.

Dort liegt die Sphinx am Brunnen,
   Dort grünt der Feigenbaum,
Dort, hinter diesen Fenstern,
   Verträumt ich den ersten Traum.

Ich tret in die Burgkapelle
Und suche des Ahnherrn Grab,
Dort ists, dort hängt vom Pfeiler
Das alte Gewaffen herab.

Noch lesen umflort die Augen
Die Züge der Inschrift nicht,
Wie hell durch die bunten Scheiben
Das Licht darüber auch bricht.

So stehst du, o Schloß meiner Väter,
Mir treu und fest in dem Sinn,
Und bist von der Erde verschwunden,
Der Pflug geht über dich hin.

Sei fruchtbar, o teurer Boden,
Ich segne dich mild und gerührt,
Und segn ihn zwiefach, wer immer
Den Pflug nun über dich führt.

Ich aber will auf mich raffen,
Mein Saitenspiel in der Hand,
Die Weiten der Erde durchschweifen,
Und singen von Land zu Land.

Chamisso wuchs zusammen mit seiner um ein Jahr älteren Schwester, der einzigen neben vier älteren und einem jüngeren Bruder, unter der Obhut der Madame Campieu auf. Sie war bereits die Amme der Mutter gewesen, und an ihre offenbar strenge Zucht erinnerte er sich sein Leben lang. »Das geringste Stück Brot an die Erde zu werfen war in meiner Kindheit eine Sünde, worauf unbarmherzig die Rute stand«, schreibt Chamisso im *Tagebuch,* als er berichtet, wie der Kapitän eine Kokosnuß »mit dem ihr noch anklebenden eßbaren Kerne« achtlos wegwarf. Da habe er an »die alten, von der Kinderfrau eingepeitschten Lehren« gedacht.

Er muß ein stilles, in sich gekehrtes Kind gewesen sein. Seine Schwester be-

Adelbert im Alter von acht Jahren. Rötelzeichnung von Jean-Baptiste Lionnet
Wegen der Unterschrift wurde das Bild lange für eine Zeichnung von Chamissos Bruder Charles gehalten. Das CH in der Signatur steht jedoch für »Chevalier«, wie Adelbert als Kind genannt wurde

schrieb ihn als »immer nachdenklich und wortkarg«. Er liebte es, sich abzusondern, und wurde deswegen oft von seinen Spielkameraden verspottet. Als sich viele Jahre später seine Frau über einen der eigenen Söhne beunruhigt zeigte, der besonders schweigsam war und »als zartes Kind fast das Ansehen eines geistesschwachen« hatte, soll der Vater sie mit den Worten besänftigt haben: »Der Junge wird schon werden; er ist ganz so wie ich in seinem Alter war.«

Sehr früh endeckte Chamisso seine Liebe zur Natur, die ihm das ganze Leben lang erhalten blieb. In einem Brief an den Jungendfreund de la Foye aus dem Jahr 1805 heißt es: »Kinder auf dem Lande werden gewöhnlich mächtig von der Natur angezogen, Blumen, Insekten, alles was da ist, blühet, sich reget, und die größeren Massen, die geheimnisvollen Berge, die Gewässer, die Erscheinungen der Luft haben einen unsäglichen Reiz für ihre Seele. So war wenigstens ich, und ich weiß noch, wie ich die Insekten erspähte, neue Pflanzen fand, die Gewitternächte anschauend und sinnend an meinem offenen Fenster durchwachte, wie alle meine Spiele, mein Schaffen und Zerstören auf physikalische Experimente und nach Forschen der Gesetze der Natur ausging...«

Für den Heranwachsenden war die Welt von Schloß Boncourt fest gefügt. Die politischen Prozesse im vorrevolutionären Frankreich können ihn nur mittelbar beeinflußt haben. Er dürfte aber schon sehr früh mit dem Gedankengut der Aufklärer in Berührung gekommen sein, lebte er doch in dem Land, aus dem sich diese Ideen über ganz Europa verbreiteten. Menschliche Vernunft und »natürliche« Gesetze und Regeln wurden als Maßstäbe eines gerechten Miteinanders propagiert, im Gegensatz zu der bis dahin vorherrschenden absolutistischen Staats- und Gesellschaftsordnung, in der die meisten Menschen nach dem Willen des Monarchen und des grundbesitzenden Adels regiert und verwaltet wurden. England war damals das einzige Land, in dem das Parlament den König zur Entlassung mißliebiger Minister zwingen konnte. In Frankreich entwickelte Montesquieu seine Lehre von der Gewaltenteilung, die durch die Aufsplitterung der Staatsmacht in eine gesetzgebende (Legislative), ausführende (Exekutive) und rechtsprechende (Jurisdiktion) Gewalt eine Garantie gegen den Mißbrauch politischer Macht gewähren sollte. Er schuf damit eine wesentliche Grundlage der bürgerlichen Demokratie.

Noch bestand allerdings in Frankreich der Drei-Stände-Staat. Über die Standeszugehörigkeit entschied allein die Geburt: Man wurde als Adliger, Bürger, Bauer oder Standesloser geboren. Die Aussichten, sich über seinen Stand zu erheben, waren denkbar gering; die soziale Stufe, auf der man lebte, wurde von den Eltern vorgegeben. Staatsform war die absolutistische Monarchie, in welcher der von Gott berufene König (»Gottesgnadentum«) uneingeschränkt herrschte. Eine wichtige Stütze der feudalabsolutistischen Macht war die katholische Kirche, die das Volk zur Unterordnung im »irdischen Jammertal« aufforderte und als Belohnung dafür ein Weiterleben nach dem

Tod im Paradies versprach. Fast die gesamte öffentliche Bildung und Erziehung lag bis zur Französischen Revolution in den Händen der Geistlichkeit, die zugleich eine mächtige wirtschaftliche Macht besaß. Der Klerus mußte dem Staat keine Steuern zahlen, durfte aber seinerseits in jeder Pfarrei den Zehnten von den Untertanen fordern. Dazu kamen andere Abgaben und der überaus einträgliche Ablaßhandel (Erlassen der Sünden gegen irdische Besitztümer, die der Kirche übereignet wurden). So kam die französische Kirche in den Besitz gewaltiger Ländereien und wurde zum mächtigsten Feudalherrn im Staate nach dem König.

Nutznießer dieser Gesellschaftsordnung, in der die große Mehrheit des Volkes – Bauern, Handwerksgesellen, Manufakturarbeiter, Knechte, Mägde und andere Dienstboten – weder ihren Aufenthaltsort frei wählen, noch ohne Zustimmung der Obrigkeit eine Familie gründen durften, waren neben dem Klerus die Angehörigen des Ersten Standes, die Adligen, zu denen auch Chamissos Familie zählte. Die Lebensbahn des Jungen schien also vorgezeichnet zu sein.

Zum Ersten Stand zählten damals etwa eineinhalb Prozent der Bevölkerung, drei- bis vierhunderttausend Personen. Zum Zweiten Stand, der Geistlichkeit, gehörten rund einhundertdreißigtausend Personen, das entsprach einem halben Prozent der Gesamtbevölkerung. Dem Dritten Stand jedoch, vor allem Bürger und Bauern, gehörten rund achtundneunzig Prozent der damals auf zwischen fünfundzwanzig und sechsundzwanzig Millionen Einwohner geschätzten Bevölkerung an. In dieser Zeit war Frankreich noch vor Rußland die bevölkerungsstärkste Nation Europas.

Durch die Förderung von Handel, Handwerk und Gewerbe (1715 bis 1789 vervierfachte sich beispielsweise Frankreichs Außenhandel) gewann eine kleine Oberschicht des Dritten Standes – Reeder, Manufaktur- und Bergwerksbesitzer, Grundherren, Akademiker und Angehörige freier Berufe, wie Anwälte, Notare – einigen Reichtum. Diese Schicht bestimmte zunehmend das wirtschaftliche und kulturelle Leben des Landes, trug die Lasten für den Ersten und Zweiten Stand (direkte und indirekte Steuern für den Staat, »Zehnte« für die Kirche und weitere Abgaben an Grund- und Gerichtsherren) und blieb dennoch im sozialen Status benachteiligt und von politischer Mitverantwortung ausgeschlossen. Hinzu kam, daß aufgrund der geradezu abenteuerlich prunkvollen höfisch-absolutistischen Lebensformen schon unter Ludwig XIV., dem sogenannten »Sonnenkönig«, Frankreich an den Rand eines Staatsbankrotts geraten war. 1715 betrugen die Schulden des Staates drei Milliarden Livres bei zuletzt einhundertfünfzig Millionen jährlicher Einnahmen; 1788 benötigte man bereits fünfzig Prozent der Staatseinnahmen für den Schuldendienst, während allein der Hof weitere sechs Prozent davon für sich verbrauchte. Der Staat konnte deshalb seinen Aufgaben nicht länger gerecht werden, seine Kreditfähigkeit kaum mehr aufrechterhalten. Umfassende Reformen wurden unabdingbar.

Ludwig XVI., der »ein guter Mann, doch kaum ein guter König« gewesen sein soll, erkannte die Notwendigkeit von Reformen durchaus, konnte sich jedoch gegen den Hofadel in entscheidenden Fragen nicht durchsetzen. 1776 berief er den in Paris lebenden protestantischen Schweizer Bankier Jacques Necker zum Finanzminister, der nach erfolglosen Sanierungsversuchen entlassen und sieben Jahre später – der Staat war vorübergehend zahlungsunfähig geworden, das jährliche Defizit auf knapp zweihundert Millionen Livres gestiegen – wieder in den Staatsdienst zurückberufen wurde. Die Tochter dieses Mannes, Germaine de Staël, später als Schriftstellerin und Förderin junger Künstler eine der zentralen Gestalten des literarischen Lebens in Europa, prägte Jahre danach einen Lebensabschnitt Adelbert von Chamissos entscheidend.

Als letzten Ausweg aus der Krise erließ Ludwig XVI. auf Neckers Drängen hin am 8. August 1788 einen Aufruf an alle Gemeinden Frankreichs, Vertreter aus den drei Ständen zu wählen und nach Versailles zu schicken. Das bedeutete die Einberufung der Generalstände – zum erstenmal nach mehr als hundertsiebzig Jahren – und mußte geradezu als historischer Appell angesehen werden. War das Volk von den jeweiligen Regierungen doch jahrhundertelang nur als Nahrungsmittellieferant, Steuerzahler und – von Zeit zu Zeit – als Kanonenfutter betrachtet worden.

Entgegen den Vorstellungen des Adels sollte der Dritte Stand in der bevorstehenden Versammlung die gleiche Anzahl Abgeordneter und Stimmen haben wie die beiden anderen Stände zusammen. Es wurde bestimmt, daß jeder männliche Erwachsene vom siebenundzwanzigsten Lebensjahr an, der im vergangenen Jahr Steuern bezahlt hatte, in die lokalen Körperschaften wählbar sein sollte. Diese nominierten dann die Abgeordneten, die später die Region vertreten würden.

Ausgeschlossen blieben die sogenannten »Sansculottes«, eine in Paris politisch aktive, aber nicht sehr fest organisierte soziale Gruppe von fast fünfhunderttausend Personen, die für unmittelbare Volksherrschaft, soziale Sicherung der Unterschichten und vollständige Entmachtung der bisher herrschenden Klasse eintrat. Ihr Name geht darauf zurück, daß sie im Gegensatz zu den damals üblichen Kniebundhosen (Culottes) Pantalons, lange Hosen, trugen.

Die Sansculotten, Kleinbürger, Handwerker und Arbeiter, erhielten in den Generalständen deshalb keine Stimme, weil sie weniger als die in Paris dafür vorgeschriebene Kopfsteuer von sechs Livres zahlten. Diese Ungerechtigkeit brachte sie zu der Überzeugung, daß ihre Forderungen nur gewaltsam durchzusetzen waren.

Ludwig XVI. forderte die Wahlmännergremien auf, ihm Denkschriften über die Bedürfnisse und Probleme jedes Distrikts mit Verbesserungsvorschlägen vorzulegen. Niemals zuvor hatte ein französischer König »sein« Volk um Rat gebeten...

In der Eröffnungsrede am 5. Mai 1789 gestand Ludwig XVI. den Abgeordneten der Generalstände, daß der Staat kurz vor dem Bankrott stehe, und er forderte sie auf, neue Wege zur Steigerung der Staatsfinanzierung zu finden (mit anderen Worten: neue Steuern). Die fünfhundertsiebenundachtzig Abgeordneten des Dritten Standes, denen zweihundertsiebzig Abgeordnete des Zweiten und zweihunderteinundneunzig des Ersten Standes gegenüberstanden, forderten eine Abstimmung nach Köpfen statt nach Ständen. Dies wurde von Adel und Geistlichkeit abgelehnt, worauf sich der Dritte Stand in einem revolutionären Akt als Nationalversammlung konstituierte, die zur Beratung einer Verfassung berufen sei.

Den Versuch der Regierung, diese Versammlung aufzulösen, beantworteten die Abgeordneten des Dritten Standes mit dem sogenannten »Ballhausschwur«, – nicht eher auseinanderzugehen, als bis die neue Verfassung beschlossen sei. Am 27. Juni 1789 forderte der König unter dem Druck des Pariser Volkes die übrigen Abgeordneten auf, sich der Nationalversammlung anzuschließen, die sich dann am 9. Juli zur »Assemblée nationale constituante«, zur verfassungsgebenden Nationalversammlung erklärte.

Am 11. Juli wurde Necker wieder entlassen, und gleichzeitig ließ der König etwa dreißigtausend Soldaten um Paris zusammenziehen, worauf es drei

Sturm auf die Bastille
Zeitgenössisches Gemälde im Museum zu Versailles

Tage später zum Sturm auf das alte Pariser Stadtgefängnis, die Bastille, kam. Die Truppen wurden wieder abgezogen, eine revolutionäre Stadtverwaltung in Paris eingesetzt und eine Nationalgarde gebildet.

In dieser bewegten Zeit verbrachte Adelbert noch immer relativ unbeschwerte Kinderjahre auf dem Schloß seiner Eltern in der Champagne.

Am 19. Juli 1790 wurden in Frankreich die Adelstitel abgeschafft, doch der Comte de Chamissot, Adelberts Vater, der 1787 als Deputierter des Landadels gegen die Neckerschen Reformvorschläge gestimmt hatte, blieb dennoch zwei weitere Jahre im Lande. Daß dies inzwischen für ihn und seinesgleichen überaus gefährlich sein konnte, muß ihm bewußt gewesen sein, denn schon 1789 hatten sich die Bauern der Provinz zum Schutz gegen die zahlreichen umherziehenden Räuberbanden bewaffnet und richteten ihre Waffen schließlich auch gegen die Feudalherren.

Hitzig berichtet von den »Stürmen der Revolution«, welche die ruhig auf ihrem Stammsitz Boncourt lebenden Chamissos im Jahr 1790 erfaßt und das Schloß dem Erdboden gleichgemacht hätten. Das scheint eine Legende zu sein. Warum die Familie erst relativ spät das Land verließ, kann nur vermutet werden. Daß Flucht und damit verbundener sozialer Abstieg nicht auszuschließen waren, hatte Chamissos Vater wohl erkannt. Die beiden älteren Söhne Hippolyte und Charles ließ er in Miniaturmalerei ausbilden. Eine weitsichtige Entscheidung, denn diese Fähigkeiten verschafften der Familie später eine einigermaßen gesicherte Lebensgrundlage.

Möglicherweise glaubte der Graf bis zum Beginn der Revolutionskriege im April 1792, der König werde mit Hilfe ausländischer Kräfte die alten Zustände wiederherstellen können. Mehrfach hatten sich Ludwig XVI. und seine Frau, Marie Antoinette, mit entsprechenden Bitten an andere Herrscher gewandt, und noch im Februar war von Österreich und Preußen ein Militärbündnis gegen Frankreich unterzeichnet worden. Wahrscheinlich spielte bei dem Entschluß, so lange im Lande auszuharren, auch eine Rolle, daß Hippolyte und Charles als Leibpagen im Dienst des Königs standen.

Nach Hitzigs Darstellung war Charles ständig in der Nähe des Monarchen, »namentlich an dem verhängnisvollen 10ten August 1792, dem Todestag so vieler Franzosen aus edlen Geschlechtern«. Es war der Tag, an dem die Tuilerien von den Revolutionären gestürmt und Ludwig XVI. als »Bürger Capet« gefangengenommen wurde. Dabei soll Charles verwundet, aber von einem »Mann aus niedrigem Stande« gerettet worden sein. Der König, bereits Gefangener in seinem Palast, händigte dem Pagen zum Dank einen Degen aus, den er selbst getragen haben soll, und gab ihm ein kleines Stück Papier, worauf er eigenhändig geschrieben hatte: »Ich empfehle Herrn von Chamissot, einen meiner treuen Diener, meinen Brüdern. Er hat mehrere Male sein Leben für mich auf das Spiel gesetzt.«

Im Mai 1792, nach einem Zwischenaufenthalt in Châlons-sur-Marne, verließ die Familie schließlich das Land. Der Vater schloß sich dem konterrevolutionären Emigrantenheer in den Niederlanden an. Der Familienbesitz wurde von den Sansculotten eingezogen, nur etwas Schmuck und Silber sowie die persönlichen Papiere hatte man mitnehmen können. Im Jahr darauf wurde Boncourt zum Abbruch freigegeben.

Für den elfjährigen Adelbert, dessen Leben durch eine jahrhundertealte Familientradition gesichert schien hinter den Mauern von Schloß Boncourt, muß es ein Schock gewesen sein, als sich diese Sicherheit in nichts auflöste. Für die Familie begann eine Zeit »mancherlei Irrfahrten« durch die Niederlande und Deutschland, anfangs nahezu ständig auf der Flucht vor den Heeren der Revolution. 1793 hoffte die Mutter, mit ihren beiden Jüngsten, Adelbert und Eugène, die an Scharlach erkrankt waren, in Lüttich eine Bleibe zu finden. Doch dann mußten alle Emigranten binnen vierundzwanzig Stunden die Stadt verlassen; die Mutter packte ihre fiebernden Kinder in Kissen und Decken, und weiter ging die Fahrt ins Ungewisse.

Vorbei war also die Zeit der am Fenster des elterlichen Schlosses durchwachten Gewitternächte, und vorbei war mit einem Schlag auch die Zeit einer zumindest materielle Sicherheit gewährenden Kindheit.

Wie sollte der elfjährige Adelbert diese Jahre der Flucht, der existenziellen Bedrohung anders empfinden als einen Sturz ins Bodenlose, ins Nichts? Vieles spricht dafür, daß es dieser frühe Verlust der Heimat, die Erfahrung des Ausgestoßenseins war, was ihn fast ein halbes Leben lang zu einem Suchenden und an sich selbst Zweifelnden werden ließ.

Ein Gegner der revolutionären Veränderungen ist er trotzdem nie geworden. Viele spätere Äußerungen lassen erkennen, daß er die Privilegien des eigenen Standes als ungerecht empfand und sich aus der jahrhundertealten Familientradition völlig löste.

In einem *Mahnung* überschriebenen Sonett heißt es: »Willst deines Hauses Glanz du aufrecht halten? / Laß rosten deiner Väter Schwert und Schild; / Die tun es nicht, die geben nicht den Wert, / Die Zeit ist abgelaufen, wo sie galten … / Das Neue wird. Das Alte muß veralten.«

Und im *Tagebuch* bezeichnet er sich als einen Mann der Zukunft, der nicht die Vergangenheit zurückrufen werde, nur weil es einen Adel gab, dem seine Väter angehörten. Ein Adel, der gegeben und genommen und sogar verkauft werden konnte, war für ihn keiner. Wahrer Adel zeige sich in der Meinung, die man vertritt. Dies ist das Bekenntnis eines selbstbewußten Bürgers.

2 Jahre der Flucht und Emigration

Unruhiges Wandern von Stadt zu Stadt. Blumenverkäufer oder Porzellanmaler? Der Start in Berlin: Page der Königin. Unterricht am Französischen Gymnasium

Mich traf, obgleich unschuldig wie das Kind,
Der Hohn, den sie für deine Blöße hatten. –
Ob wir einander denn so ähnlich sind?!
Sie schrien mir nach: Schlemihl, wo ist dein Schatten?
Und zeigt ich den, so stellten sie sich blind
Und konnten gar zu lachen nicht ermatten.
Was hilft es denn! man trägt es in Geduld
Und ist noch froh, fühlt man sich ohne Schuld.

Peter Schlemihls wundersame Geschichte

Vier Jahre lang irrte die Familie von Stadt zu Stadt und von Land zu Land, »ohne Bindungen, ohne Vaterland, fast ohne Hoffnung, die Stütze der Elenden«, schreibt Chamisso. Untrennbar mit dem Schicksal seiner Eltern verbunden, bot sich ihm überall ein Bild des Unglücks; überall fand er Landsleute von allerhöchstem Rang ins Elend gestürzt.

»Als Graf von Chamisso zu Boncourt geboren«, heißt es in einem Brief Adelberts an seine Brüder, »komme ich nach Würzburg, wo man beratschlagt, ob man mich zum Tischler machen soll; statt dessen werde ich wohldressierter Blumenverfertiger und Verkäufer zu Bayreuth; dann expediert man mich als Porzellanmaler nach Berlin...«

Charles und Hippolyte hatten sich bis zur Hinrichtung Ludwigs XVI. in dessen Nähe aufgehalten und waren erst danach in Düsseldorf wieder mit der Familie zusammengekommen. Mit ihren noch in Frankreich erworbenen Fähigkeiten als Miniaturmaler sorgten sie jetzt für den Unterhalt der Familie. Außerdem fertigte die Mutter mit der Tochter Louise künstliche Blumen, die Adelbert verkaufte.

Inzwischen hatte Prudent, der zweitälteste Sohn, aufgrund seines Theologiestudiums in Berlin eine Stelle als Hauslehrer gefunden und konnte Charles und Hippolyte nach Berlin holen. Beide machten sich dort in ihrem Beruf schnell einen guten Namen. 1797 wurden sie sogar von der Berliner Akademie der Künste zu außerordentlichen Mitgliedern ernannt. Endlich gab es eine Hoffnung für die Familie, die Odyssee von Ort zu Ort zu beenden. Die Mutter richtete 1796 ein Bittschreiben an Friedrich Wilhelm II. und bat um die Erlaubnis, sich mit ihrer Familie wie zahlreiche andere französische Emigranten in Berlin niederlassen zu dürfen.

Es wird kein Zufall gewesen sein, daß Adelberts Mutter das Bittschreiben verfaßte, denn der preußische König galt als außerordentlich galant, und man hoffte wohl, er werde die Bitte einer Dame nicht abschlagen. Wirklich antwortete er bereits am 2. Juni 1796 betont freundlich – und selbstverständlich in vorzüglichem Französisch: »Madame! Ich habe Ihr Schreiben durch denjenigen Ihrer Söhne erhalten, welcher in einem Talent, das sonst nur zur Annehmlichkeit des Lebens ausgeübt zu werden pflegt, ein ehrenwertes Mittel gefunden, seine Familie zu ernähren. Hat man seine Kinder so erzogen, muß man ihnen ohne Zweifel mit doppelter Liebe anhängen und doppelt wünschen, ihnen nahe zu sein. Ich erteile Ihnen darum mit Vergnügen die Erlaubnis, mit Ihrer Familie nach Berlin zu kommen, um sich dort in der Nähe von zwei Söhnen, die Sie schon die Genugtuung gehabt haben, daselbst angestellt zu sehen, niederzulassen.«

Endlich sah die Familie wieder einen festen Punkt, eine Möglichkeit, das zermürbende Umherirren von einer Stadt in die andere zu beenden. Die Lebensbahnen des nun fünfzehnjährigen Adelbert schienen in ruhigere Geleise zu führen.

Zuerst aber hieß es, sich einzurichten in einer fremden Stadt, in einer fremden Sprache. Noch in Düsseldorf, 1793 und 1794, hatte Chamisso erste Gedichte auf französisch verfaßt und eins davon als »Chevalier de Chamisso agé de 13–14 ans« unterzeichnet. Er tat sich schwer mit dem Deutschen. Sein ganzes Leben lang behielt er einen französischen Akzent und soll noch im hohen Alter französisch gezählt und manchmal in seiner Muttersprache geträumt haben. In seinem Nachwort für eine Neuausgabe von *Peter Schlemihls wundersame Geschichte* schreibt Thomas Mann: »Es ist überliefert, daß er, produzierend, bis zuletzt seine Eingebungen laut auf französisch vor sich hinsprach, bevor er daran ging, sie in Verse zu gießen, – und was zustande kam, war dennoch deutsche Meisterdichtung.«

Es war ein weiter Weg, bis Chamisso, der seine eigenen Dichtungen immer äußerst kritisch und voller Selbstzweifel betrachtete, zu dieser Meisterschaft gelangte.

Im Mai 1796 kamen die Chamissos in Berlin an.

Die Stadt hatte sich in den letzten hundertfünfzig Jahren rasant entwickelt. Aus dem unbedeutenden märkischen Marktflecken mit rund 6000 Einwohnern und 750 Häusern im Jahr 1648 war die »Königliche Haupt- und Residenzstadt« geworden, in der rund 150000 Menschen in 6700 Häusern lebten. Das Wachstum war eine unmittelbare Folge des Aufstiegs Preußens zur europäischen Großmacht, der mit den Bestrebungen Frankreichs zusammen-

Charles Louis Marie Hippolyte

Jean Baptiste Marie, genannt Prudent

hing, in Deutschland ein Gegengewicht zum habsburgischen Einfluß zu schaffen. »In dem feindlichen Gegensatz zwischen Österreich und anderen europäischen Großmächten, namentlich Frankreich, ist der preußische Staat emporgewachsen, künstlich herangezüchtet als Pfahl im Fleisch des Hauses Habsburg«, schreibt der Publizist und Historiker Franz Mehring. Eine Begleiterscheinung dieser Entwicklung war die zunehmende Militarisierung des Landes. »Man komme nach Preußen und sehe!« heißt es in einem 1785 unter dem Titel »Kleine Wanderungen durch Teutschland« erschienenen Briefbericht. »In Preußen ist jeder Bauerssohn und in kleinen Städten selbst der Bürgerssohn geborener Rekrut. Gleich nach seiner Geburt kommt sein Name in die Militärrolle, und mit dem sechzehnten Jahr muß er sich stellen. Hat er Geld genug, um sich loszukaufen, so kann er den Abschied nehmen; kann oder will er das nicht, so muß er das Gewehr auf die Schulter nehmen.«

Die Bürger Berlins waren aufgrund eines 1733 erlassenen Kantonalreglements von der Dienstpflicht befreit; das Militär der Garnison (da Berlin im Dreißigjährigen Krieg wiederholt eingenommen und geplündert worden war, machte man es ab 1657 zur Garnisonsstadt und legte ein riesiges sternförmiges Befestigungssystem an) prägte jedoch weitgehend das Gesicht der

Madeleine Louise, genannt Lise

Charles Louis

Stadt. »Berlin gleicht nicht einer Residenz, sondern einem Heerlager an der Grenze, wo die Stärke der Bewohner in der Garnison besteht und wo der Rest der Ansiedler, Männer wie Weiber, nur dazu da ist, die Soldaten zu bedienen«, heißt es in einem zeitgenössischen Bericht.

Dagegen rühmt ein acht Jahre vor Chamissos Ankunft in Berlin erschienenes Buch (»Schattenriß von Berlin«) die beeindruckenden Bauten: »Welch eine Perspektive, wenn man zum Potsdamer, zum Brandenburger oder zum Halleschen Tor hereinkommt. Breite Gassen, deren Länge das Auge kaum absehen kann; Häuser, die nach den besten Rissen größter Baumeister Italiens erbaut sind, hohe Lindenalleen, Paläste, öffentliche Plätze, Denkmäler und Gebäude versetzen den neuen Ankömmling in ein angenehmes Erstaunen... Noch überraschender ist zum Brandenburger Tor herein der Anblick des öffentlichen Spaziergangs Unter den Linden und der daranstoßenden herrlichen Gebäude. Am Ende der Linden zeigt sich der Opernplatz, die Bibliothek, die Katholische Kirche, das Opernhaus, der Palast des Prinzen Heinrich, weiterhin die Brücke am Zeughaus mit ihren Verzierungen, der Palast der Markgrafen von Schwedt, das Zeughaus, der Palast des Kronprinzen, zuletzt aber links die Domkirche und rechts das königliche Schloß, das,

Schloßbrücke in Berlin

majestätisch und kolossal, von allen anderen Gebäuden abgesondert, hervorragt. Lauter Meisterstücke der Baukunst, die sich am Ende der Lindenallee in naher und weiter Entfernung dem Auge mit einemmal darbieten.«

Daß Berlin aber auch weniger vorzeigbare Seiten hatte, verdeutlichte eine 1785 von Julius Knüppeln verfaßte »Charakteristik von Berlin«, in der berichtet wird, in Berlin gebe es elende Gassen, wie man sie sonst nur in Landstädten vorfände, finster, schmutzig und so eng, daß Fußgänger anhalten müßten, um Wagen vorbeifahren zu lassen.

Einer Zählung der Königlich-Berlinischen Armendirektion zufolge gab es 1788 in Berlin 13992 Bedürftige. Also war beinahe jeder zehnte Einwohner auf Almosen angewiesen, während die Hofhaltung Friedrich Wilhelms II. Unsummen verschlang. So ist es kaum verwunderlich, daß die Französische Revolution von 1789 auch in der preußischen Hauptstadt ein begeistertes Echo fand, so daß man vielerorts die »deutschen Jakobiner«, radikaldemokratische Anhänger der aus Frankreich übernommenen Ideen, als »Berliner« bezeichnete.

Bald nach ihrer Ankunft knüpften die Chamissos erste Kontakte zu den Adels- und Emigrantenkreisen der Stadt. Es dauerte nicht lange, bis die Familie auch Zutritt zum Hof hatte.

Die sogenannte »französische Kolonie« Berlins konnte auf eine lange Tradition zurückblicken. Mehr als hundert Jahre zuvor, als man für den Wiederaufbau der Stadt nach dem Dreißigjährigen Krieg auch auf die Hilfe Fremder angewiesen war, hatte der Große Kurfürst Wiener Juden, protestantischen Glaubensverfolgten aus der Schweiz, den Niederlanden und Böhmen, im größten Umfang aber den Hugenotten, französischen Protestanten, Aufnahme und Ansiedlung in Brandenburg-Preußen gewährt. 1700 stellten sie in Berlin bereits ein Fünftel der Bevölkerung und trugen entscheidend zur Belebung der Wirtschaft, vor allem der gewerblichen Produktion, bei, indem sie neue Fabrikationszweige einführten und die Berufsstände der Stadt um zahlreiche Kaufleute, Schuhmacher, Goldschmiede, Schneider, Bäcker oder Ärzte vermehrten.

Einem zeitgenössischen Bericht des späteren Oberzeremonienmeisters am königlich-preußischen Hof, Karl Ludwig Freiherr von Pöllnitz, zufolge, verdankte Berlin den auch »Réfugiés« genannten französischen Einwanderern seine Manufakturen, einen Teil der gepflasterten Straßen und seine Wochenmärkte. Außerdem hätten sie Überfluß und Wohlstand eingeführt und die Stadt zu einer der schönsten Europas gemacht: »Durch sie kam der Geschmack an Künsten und Wissenschaften zu uns. Sie milderten unsere rauhen Sitten, sie setzten uns in den Stand, uns mit den aufgeklärten Nationen zu vergleichen.«

Die Familie Chamisso hatte nun ein Auskommen und »standesgemäße« gesellschaftliche Kontakte, aber von Wohlstand konnte nicht die Rede sein. Charles Louis Adélaïde, nun Adelbert genannt, nahm eine Stelle in der Königlichen Porzellanmanufaktur an, die ihm sein Bruder Prudent 1796 verschafft hatte. Dort blieb er jedoch nur kurze Zeit. Noch im selben Jahr erreichte seine Familie, daß er standesgemäß als Leibpage in den Dienst der Königin Friederike Luise berufen wurde, während man seinen jüngeren Bruder Eugène im Kadettenhaus aufnahm. Welche Tätigkeiten ein Page damals zu verrichten hatte, ist kaum überliefert; immerhin wird berichtet, die Prinzessin Dorothee Louise Sophie habe bei ihrer Vermählung ein mit Edelsteinen besetztes Kleid getragen, »welches einschließlich der von mehreren Pagen

Das Französische Gymnasium in Berlin, das Chamisso 1796 besuchte

getragenen Schleppe durch die Last der Goldstickerei einen ganzen Zentner gewogen haben soll«.

Über Chamissos Erscheinungsbild zu dieser Zeit berichtet später die Schriftstellerin Helmina von Chézy, geborene von Klencke, die Chamisso damals bei Hof kennenlernte: »...das knappe, hellbetreßte Scharlachkleid schien zwei Cherubsflügel zu verstecken, denn nach denen sah sich um, wer dieses Angesicht schaute.«

Chamissos Pagendienst gewährte ihm zumindest eine materielle Absicherung. Die Königin Friederike Luise erkannte zudem schon bald, welche anderen Fähigkeiten noch in ihm steckten. Sie verkürzte seine Dienststunden, sorgte dafür, daß er Privatunterricht erhielt und gestattete ihm den stundenweisen Besuch des Französischen Gymnasiums. In diesem hochschulähnlichen geistigen Zentrum der preußischen Hugenotten, einer der herausragenden Bildungsstätten Berlins, legte man vornehmlich Wert auf die Vermittlung einer fundierten klassischen Bildung. Hier wurde auch die Philosophie der französischen Aufklärung gelehrt, welche die Entwicklung Chamissos zum liberalen Weltbürger entscheidend prägen sollte.

Seiner Altersgruppe entsprechend besuchte er in der Zeit des Pagendienstes, von 1796 bis 1798, zuerst die »Seconde«, dann die »Classe de Rhétorique« und schließlich die »Classe de Philosophie«. Er wurde in Rhetorik, den klassischen Sprachen Latein und Griechisch, in Erdkunde, Physik und Geschichte unterrichtet. Daneben lernte er intensiv Deutsch und war bald in der Lage, Klopstocks »Messias« oder Gedichte Schillers im Original zu lesen. Erste eigene deutsche Verse entstanden.

Der fünfzehnjährige Adelbert, der in Boncourt nur von einem Hauslehrer und während der Wanderjahre notdürftig von seiner Mutter unterrichtet worden war, wußte das Angebot der Schule durchaus zu nutzen. Mit einigen seiner Lehrer und Mitschüler hatte er lange über die Schulzeit hinaus noch Kontakt. Möglich, daß er sich hier, wenn auch als Katholik unter Protestanten, weniger wie ein Außenseiter fühlte als sonst. Zu seinen Mitschülern gehörten ein orthodoxer Grieche und ein Anglikaner, die Schule wurde zudem von »ungetauften Juden« besucht; vor allem aber unterrichtete man dort in seiner Muttersprache. Da er damals ein akzentfreies modernes Französisch gesprochen haben soll, war er hier sicher durchaus willkommen. Als wolle er die vergangenen vertanen Jahre nachholen, sog er das neue Gedankengut auf und wurde 1798 im Jahresbericht der Schule dann auch lobend erwähnt: »Herr von Chamisso, der einige Zeit hindurch am Unterricht in Rhetorik und Philosophie teilgenommen hat, zeichnete sich von der vorteilhaftesten Seite ganz besonders aus.«

3 Kasernenhof und literarischer Salon

Als Leutnant in preußischen Diensten. Der Freundeskreis und erste deutsche Dichtungen. Der »Grünling«: Musenalmanach im Selbstverlag

Es mußte schon die Ahnung in mir aufsteigen, daß, um so viel das Gold auf Erden Verdienst und Tugend überwiegt, um so viel der Schatten höher als selbst das Gold geschätzt werde; und wie ich früher den Reichtum meinem Gewissen aufgeopfert, hatte ich jetzt den Schatten für bloßes Gold hingegeben; was konnte, was sollte auf Erden aus mir werden!

Peter Schlemihls wundersame Geschichte

Im Mittelalter war der Pagendienst eine Schule zur Vorbereitung auf das Rittertum gewesen, später gingen höfische Pageninstitute in Kadettenanstalten auf, und auch in Preußen führte der Weg vieler junger Adliger vom Hof zum Militär. Entsprechend der Familientradition wünschten die Eltern Chamissos, daß er die Offizierslaufbahn einschlug und den Pagenrock mit der Uniform eines Fähnrichs der preußischen Armee vertauschte. Am 31. März 1798 erhielt er das Fähnrichspatent, und bald darauf fand er sich in der rauhen Luft auf dem Kasernenhof des Infanterieregiments Götze, Berlins Stadtgarnison, wieder.

Hatte er zuvor noch in einem Schulaufsatz geschrieben, er wolle wie seine Väter das Schwert zur Verteidigung seines Landes und seiner Herrscher führen, »ihren Spuren folgend, die gleiche Laufbahn einschlagen und einem Lande dienen, das mich adoptiert hat, und seinen großmütigen Fürsten, unter deren erlauchter Herrschaft ich endlich wieder aufatmen durfte«, so beklagt er sich nun bald in Briefen an seine Brüder über den militärischen Drill, die Gleichförmigkeit des Kasernendaseins und über mangelnden Kontakt zu seinen Regimentskameraden: »...es sind gute Teufel, diese braven Germanen, die keinen fressen, aber ich habe hier nur Bekannte, keine Freunde.«

Aufgrund seines französischen Akzents, seines auffälligen Äußeren – mit seinen dichten Locken sah er aus wie ein Zivilist – blieb er auch hier ein Außenseiter und war deshalb um so mehr bemüht, sich einzufügen, Dienst nach Vorschrift zu leisten und möglichst nirgends anzuecken. Wie gut ihm dies gelang, bezeugt ein Brief der Königin Friederike Luise, die sich über sein Leben auf dem Kasernenhof hatte berichten lassen, an Chamissos Mutter: »Sie können wohl nichts anderes erwarten als befriedigende Nachrichten über Ihren Sohn. Sein gesetztes Betragen und sein Fleiß machen ihn zu einem Vorbild für seine Waffengefährten.«

Im Gegensatz wohl zu den meisten dieser Waffengefährten nutzte der Fähnrich Chamisso, dessen Wissensdurst durch den Unterricht am Franzö-

Chamisso
als Siebzehnjähriger
Vom Bruder gemalt

sischen Gymnasium längst nicht gestillt war, seine freien Stunden vor allem zum Lesen, Lesen und noch mal Lesen.

»...ich habe mich angebaut in meinem Lande«, schrieb er an den Jugendfreund de la Foye, französischer Emigrant wie er selbst, »...der ewig steten Welt der Wahrheit, der Ideen, der Dichtung. Verblaßt ist vor meinem Blicke die sogenannte Wirklichkeit mit ihren wechselnden Zufälligkeiten; Notwendigkeit, Ewigkeit und inneres Leben ist meine Wohnung.«

Der französische Emigrant, unterwegs in die Welt der deutschen Dichtung, war nun ein kleines Rädchen im Getriebe der preußischen Armee. Die Waffen der neuen Heimat sollte er gegen die Landsleute der alten richten: ein Zwiespalt, der ihm bis zum Ausscheiden aus dem Militär zu schaffen machte.

Noch war Preußen allerdings neutral. 1797 folgte Friedrich Wilhelm III. seinem Vater auf den Thron und setzte dessen Neutralitätspolitik nach dem Sonderfrieden von Basel (1795) fort. Unter Aufgabe seiner linksrheinischen Besitzungen war Preußen aus dem Militärbündnis gegen Frankreich ausgeschieden.

Die französischen Revolutionsarmeen, anfangs im Verteidigungskampf gegen Interventionen von außen, hatten längst große Teile Europas erobert. Napoleon, »General der Revolution und ihr Bändiger zugleich«, konzentrierte immer mehr Macht auf seine Person. Während des Italienfeldzuges hatte er ersten militärischen Ruhm errungen, 1797 war ihm der Oberbefehl über die Englandarmee und 1798 die Durchführung der »ägyptischen Expedition« übertragen worden. Am 9. November 1799 stürzte er durch einen Staatsstreich das bisher regierende Direktorium und machte sich zum Ersten Konsul.

Von da an stand die Geschichte der Deutschen, ihr Leben und ihre Erfahrungen in den ersten fünfzehn Jahren des neunzehnten Jahrhunderts, unter dem überwältigenden Einfluß seiner Politik: Krieg und Eroberung, Ausbeutung und Unterdrückung, Imperium und Neuordnung. Selten befanden sich alle Bereiche des Lebens so sehr im Zeichen der Machtpolitik und des Drucks von außen.

1801, nach dem zweiten Revolutionskrieg, hatte die Politik Napoleons direkte Auswirkungen auf das weitere Schicksal Adelbert von Chamissos: Am 29. Januar 1801 wurde er zum Leutnant befördert, und im Februar darauf kehrten seine Eltern aufgrund einer von Napoleon erlassenen Amnestie nach Frankreich zurück. Chamissos ältere Brüder Charles und Hippolyte gingen mit ihnen, auch seine einzige Schwester, mit der er seit seiner frühen Kindheit besonders vertraut war. Sein Lieblingsbruder Prudent war 1796 bei dem Versuch, einen Zögling aus der Spree zu retten, ertrunken. So blieb nur noch sein um zwei Jahre jüngerer Bruder Eugène mit dem jetzt zwanzigjährigen Chamisso in Deutschland zurück, wo die Eltern die Zukunft dieser beiden Söhne für gesichert hielten.

Im August des Jahres 1802 mußte Chamisso den schwer erkrankten Eugène nach Frankreich zu den Eltern bringen, wo er schließlich in den Armen der Mutter starb. Adelbert blieb noch einige Monate bei seiner Familie, dann kehrte er wieder in die preußische Hauptstadt zurück: »So stand ich in den Jahren, wo der Knabe zum Manne heranreift, allein, durchaus ohne Erziehung, ich hatte nie eine Schule ernstlich besucht.«

Sein Entschluß, in Deutschland zu bleiben, anfangs vor allem eine Frage der Existenzsicherung, kam wohl auch seinem Wunsch entgegen, sich dem Einfluß seiner Familie zu entziehen. Während er den Sturz seiner Klasse durch die Revolution als endgültig betrachtete, hofften seine Eltern nach wie vor auf eine Wiederherstellung vorrevolutionärer Zustände. Bei seinem Aufenthalt in Frankreich erkannte Chamisso, wie sehr er sich inzwischen von den Anschauungen seiner Familie entfernt hatte. Schon 1799 hatte er seinem Bruder Hippolyte gegenüber geäußert: »Du hast die privilegierte Klasse der Gesellschaft durchlaufen, ohne sie um ihr Schicksal zu beneiden; Du hast oft die Nichtigkeit ihres Daseins und den trügerischen Schein ihrer Vergnügungen gesehen... glaubst Du, daß ich für alle ihre Gesellschaften die wohltuende Wärme des Sonnenstrahls in den ersten Frühlingstagen, daß ich das wunderbar wechselnde Schauspiel der Natur, welches denen unbekannt bleibt, die es nicht mit meinem Herzen zu genießen wissen, für all ihre Redouten und Feste hingäbe?«

Nach seinem Besuch in Frankreich schrieb er an seine Eltern: »Ihr stützt Euch darauf, was ich ohne die Revolution gewesen wäre, ich erwidere, daß ich ein ganz anderer Mensch geworden wäre, daß ich unter den durchaus anderen Verhältnissen nicht die Ideen, nicht den Charakter entwickelt hätte, der heute eben meine Persönlichkeit ausmacht. Andere Vorurteile bringen andere Sitten mit sich. Würde ich besser geworden sein? Ich glaube schwerlich. Ich will daher unser Unglück, durch das ich mich gebildet habe, nicht anklagen, aber wollet nur nicht den Maßstab, der vielleicht für jeden anderen Menschen gepaßt, jetzt auf mich anwenden, da er nicht mehr für mich paßt.«

Dieses erstaunlich selbstbewußte Bekenntnis wirft ein ganz eigenes Bild auf den von ihm eingeschlagenen Berufsweg: Sosehr die militärische Laufbahn auch im Sinne seiner Eltern gewesen sein mochte, sowenig konnte er selbst sich damit abfinden. »Dieser Beruf verdorrt den Geist und tötet das Herz«, stellte er fest, und noch viele Jahre später träumte er vom Gamaschendienst bei seinem Regiment: »Der Wirbel schlug, ich kam herbeigelaufen, und zwischen mich und meine Kompanie stellte sich mein alter Obrist und schrie: ›Aber Herr Leutnant, in drei Teufels Namen!‹ – O dieser Obrist! Er hat mich, ... wann ich meine Kompanie nicht finden konnte, wann ich ohne Degen auf Parade kam, wann – was weiß ich, unablässig verfolgt; und immer der fürchterliche Ruf: ›Aber Herr Leutnant...!‹«

Chamisso selbst bezeichnete seine Leidensgenossen als Berufsdeserteure, und tatsächlich hatte die preußische Armee nicht gerade einen guten Ruf. »Die Soldateska«, urteilte schon Friedrich II., »besteht... aus Taugenichtsen,

... Wüstlingen, ... ungeratenen Söhnen, wilden Gesellen.« Seit 1780 konnte man wegen »politischer Aufwiegelung der Untertanen« von den Gerichten zum Militärdienst *verurteilt* werden, und die bedenkenlos brutalen Methoden, mit denen preußische Werbeoffiziere junge Rekruten im wahrsten Sinne des Wortes einfingen, waren weithin gefürchtet. Nicht ohne Grund hieß es, ein Rekrut habe seinen Korporal und Offizier mehr zu fürchten als einen Gegner im Gefecht...

In dieser Umgebung also mußte Chamisso seinen Lebensunterhalt verdienen. Doch wie vertrug sich der auf dem Kasernenhof herrschende Kommandoton, das über allem stehende Gesetz von Befehl und Gehorsam, der Geist bedingungsloser Unterwürfigkeit und die noch immer üblichen, schon bei geringen Verstößen angeordneten Prügelstrafen mit den Ideen der Aufklärung, denen der junge Leutnant seit seiner kurzen Zeit am Französischen Gymnasium anhing? Mit den Schriften bedeutender Philosophen wie Immanuel Kant, Denis Diderot, Voltaire oder Montesquieu, die er nun in seiner Freizeit las, statt sich mit seinen Waffengefährten dem Kartenspiel bei ausschweifendem Alkoholgenuß hinzugeben? Hatte er nicht das gewaltsame Ende des Ancien Régime, der Herrschaftsform vor 1789, am eigenen Leibe erfahren? Ihm muß bewußt gewesen sein, daß sich das Rad der Geschichte nicht zurückdrehen läßt.

In diesen Jahren der Selbstfindung beschäftigte sich Chamisso intensiv mit dem Werk des französischen Schriftstellers und Philosophen Jean-Jacques Rousseau, dessen »Gesellschaftsvertrag« mit dem berühmt gewordenen Satz beginnt: »Der Mensch ist frei geboren, und überall liegt er in Ketten.«

Er lese jetzt Rousseau, berichtete Chamisso seinem Bruder Hippolyte, und finde bei dem Meister all das ausgedrückt, was er selbst tausendmal gefühlt habe. Gut möglich, daß er in mancherlei Hinsicht eine Art Seelenverwandtschaft zu Rousseau entdeckte, der sich ebenfalls das meiste Wissen durch umfangreiche Lektüre selbst angeeignet hatte. In der Schrift »Über den Ursprung und die Grundlagen der Ungleichheit unter den Menschen« begegnete Adelbert zum erstenmal dem Ideal des »ursprünglichen Menschen« – während seiner Weltreise wird er sich oft daran erinnern.

Es leuchtet ein, daß den jungen Leutnant die grundlegenden Fragen der Menschheit mehr interessierten als die Kleiderordnung seines Regiments,

Der französische Philosoph und Schriftsteller Jean-Jacques Rousseau (1712–1778), dessen Ideen den jungen Chamisso nachhaltig beeinflußten

mit der er es offenbar nicht allzu genau nahm. Jedenfalls wurde er mehrfach gerügt. Er wird den weißen Hemdkragen wie gewünscht gerichtet oder seinen vergessenen Degen geholt und sich im Geist mit anderen Dingen beschäftigt haben.

Bis etwa 1802 soll Chamisso sich noch immer als Franzose gefühlt haben. Mit der Trennung von der Familie und dem Versuch, in Berlin auch geistig eigene Wege zu gehen, begann ein neuer Lebensabschnitt. Am Anfang seiner Bemühungen, in der ihm lange Zeit sehr fremden Umgebung heimisch zu werden, stand der Wunsch, sich mehr und mehr mit der deutschen Sprache vertraut zu machen. Je mehr Fortschritte er dabei erzielte, desto stärker wurde sein

Drang, sich darin auch literarisch auszudrücken. Zu seinen frühesten Versuchen zählt eine Sammlung französischer Verse, die er zum Teil ins Deutsche übertrug, und die Übersetzung eines französischen Trauerspiels: »Le Comte de Comminge ou les Amants malheureux«, von François de Baculard d'Arnaud. Obgleich dieses Stück kaum der Mühe einer Übersetzung wert gewesen sein soll, wirft es zweifellos ein bemerkenswertes Licht auf die Gefühlswelt des jungen Leutnants:

Der Graf von Comminge liebt seine schöne Base Adelheid, doch, wie so oft, es soll nicht sein. Von ihrem eigennützigen Vater wurde sie einem anderen versprochen, und damit der Graf dieser Verbindung nicht im Wege steht, wird er kurzerhand verhaftet. Um ihn aus der Gefangenschaft zu retten, gibt Adelheid dem vom Vater bestimmten Bewerber die Hand, der später aus Eifersucht mit dem Grafen in einen Kampf gerät und schwer verwundet wird, was die abermalige Einkerkerung des Grafen zur Folge hat. Comminge, der glaubt, seinen Gegner getötet zu haben, wird von einem weiteren Verehrer Adelheids auf deren Veranlassung hin befreit und zieht sich in eine Abtei zurück. Obwohl ihm dort ein Pater namens Euthym unausgesprochen seine Zuneigung beweist, verzweifelt der Graf immer mehr. Als er jedoch später erfährt, daß Adelheids Gatte eines natürlichen Todes gestorben ist, macht er sich neue Hoffnungen, bis es bald darauf heißt, auch Adelheid selbst sei inzwischen verstorben. Gebrochenen Herzens muß Comminge erfahren, daß der Pater Euthym schwer erkrankt ist und, sein baldiges Ende vor Augen, darum bittet, in die Mitte der Klosterbrüder gebracht zu werden. Schließlich stellt sich heraus, daß der sterbende Mönch in Wahrheit eine Frau, eben jene Adelheid, ist. Sie war dem Geliebten unerkannt in die Verbannung gefolgt. Nun schwinden Comminge die Sinne, und das Stück schließt mit den Worten des Abts: »Was ist der Mensch! Von der Wiege an ein Raub der Leidenschaft.«

1803 griff Chamisso erstmals einen spezifisch deutschen Stoff auf: *Faust. Eine Tragödie in einem Akt. Ein Versuch.*

Die Sage von dem Schwarzkünstler Faust war 1587 in dem Volksbuch »Historia von D. Johann Fausten« erschienen. Von Goethes Faust-Dichtung gab es damals bereits eine erste Fassung unter dem Titel »Faust. Ein Fragment«. Chamisso dürfte das Stück gekannt haben.

Um 1800 war die Geschichte vom Faustschen Teufelspakt in Deutschland so bekannt, daß Ludwig Tieck 1801 sogar einen »Anti-Faust« verfaßte. Für den jungen Leutnant Chamisso, an sich selbst und seiner Bestimmung zweifelnd, bot dieser Stoff eine willkommene Gelegenheit, Fragen zu formulieren, die ihn seit langem bewegten: »Es neigt sich schon die Sonne deines Lebens / – Hast du gelebt? hier, fremd in dieser Welt…«

Der umfassend gebildete, doch von Zweifeln geplagte Faust hat bei all seinem Wissen immer nur die äußere Erscheinung der Dinge gesehen, statt deren eigentliches Wesen zu erkennen. In seinem Studierzimmer sitzend, das nur von einer einzigen Lampe etwas erhellt wird, beschwört er kraft seiner magischen Fähigkeiten einen guten und einen bösen Geist. Während ihm der böse alle Schätze der Wahrheit verspricht, als Preis dafür aber seine Seele fordert, versucht ihn der gute vor dem bösen zu warnen. Dabei fällt auf, daß Chamisso in die Rede des guten Geistes mehrmals einprägsame Naturbilder einfügte: »Faust, Faust! / Dem kindlichen Menschen / Die Freuden des Lebens, / Sie knospen ihm alle. / Er weilet, wo duftend / Die Rosen ihm blühen, / Die Früchte ihm winken. / Geflügelten Schrittes / Leicht hin über Dornen.« Faust fordert Belehrung, Wahrheit und Erkenntnis, worauf ihm der böse Geist einen »Stab des Gerichts« in die Hände zaubert: »Wohlan! so schwöre mir den Preis zu, Faust; / Und öffnen will ich dir der Wahrheit Schätze, / Und was der Mensch vermag, sollst du erkennen. / Selbst brich den Stab dann über deine Seele.«

Eindringlich versucht der gute Geist, Faust davor zu warnen, der Stimme des bösen zu folgen. Aber Faust läßt sich nicht aufhalten. Er bricht den Stab und muß erfahren, daß alles umsonst war: »Der Zweifel ist menschlichen Wissens Grenze, / Es kann der Staubumhüllte nichts erkennen, / Dem Blindgebornen kann kein Licht erscheinen.«

Die Wahrheit bleibe ihm folglich ewig verhüllt, denn ein Mensch könne nur »eigene Schatten schauen und nichts erkennen«. Die letzten Sätze, nachdem Faust seinem Leben ein Ende gesetzt hat, lauten: »Er stürzt, die Lampe erlischt, das Theater ist tief verfinstert. Langsam fällt der Vorhang.«

Für Chamisso schien sich mit seinem *Faust* ein Vorhang zu öffnen, der den Blick freigab auf eine mögliche Zukunft. Er selbst sprach später von einem segensreichen Wendepunkt in seinem Leben. So schlimm das Produkt war,

Karl August Varnhagen von Ense (1785–1858), Schriftsteller und Literaturkritiker, Freund Chamissos und durch seine Tagebücher und Briefe wichtiger Zeitzeuge

Julius Eduard Hitzig (1790–1849), Schriftsteller, Publizist und Kriminalist. Freund Chamissos und erster Biograph. Nach eigener Aussage schrieb Chamisso seinen Schlemihl einzig für Hitzigs Kinder

habe er es in dankbarer Erinnerung in seine Gedichtsammlung aufgenommen.

Einen Wendepunkt bedeutete dieses Gedicht vor allem deshalb, weil es ihn mit einem Gleichgesinnten zusammenbrachte: Karl August Varnhagen von Ense.

Der 1785 in Düsseldorf geborene Sohn eines Arztes, dessen Frau Rahel später einen der bedeutendsten literarischen Salons Berlins führte, war als Medizinstudent in die preußische Hauptstadt gekommen, dann aber erkrankt, so daß seine Freunde ihm dringend abrieten, weiter zu studieren. Sie empfahlen ihn dem reichen jüdischen Fabrikanten Cohen, wo er schließlich eine Stelle als Erzieher erhielt.

Die Cohens unterhielten einen jener literarischen Salons, die sich in Berlin um die Jahrhundertwende zu Stätten geistiger Begegnung entwickelt hatten. Auch Chamisso fühlte sich von der hier herrschenden aufgeschlossenen Atmosphäre angezogen und verkehrte seit einiger Zeit in den Salons der Familien Herz, Levin und Ephraim. Dort traf er Freunde und Gleichgesinnte, von denen einige – so Hitzig und de la Foye – ihm das ganze Leben lang verbunden blieben.

Über die erste Begegnung im Hause der Cohens berichtet Varnhagen von Ense in seinen »Denkwürdigkeiten«, er habe dort jemanden kennengelernt, der sich ihm »auf die ersten leisen, gleichsam freimaurerischen Zeichen einer solchen Brüderschaft« als ein Dichter enthüllte, »und zwar als einer von der seltsamsten Art«. Besonders erstaunlich fand er, daß dieser deutsche Verse schreibende preußische Offizier eigentlich ein Franzose war. »Sprache, Bewußtsein, Sinnesart, Manieren und Wendungen, alles erinnerte an seine Herkunft, nur war sein ganzes Wesen dabei mit einer besonderen, seinen Landsleuten sonst nicht gerade eignen Ungeschicklichkeit behaftet... Seine langen Beine, die knappe Uniform, der Hut und Degen, der Zopf, der Stock und die Handschuhe, alles konnte ihm unvermutet Ärgernis machen; am meisten aber und sichtbarsten kämpfte er mit der Sprache, die er unter gewaltigen Anstrengungen mit einer Art von Meisterschaft und Geläufigkeit radebrechte, welches er auch in der Folge zum Teil mit Vorliebe beibehielt. Er hatte deutsche Lieder und Elegien gedichtet, sogar einen Faust in Jamben angefangen, und ich hörte mit Staunen und Bewunderung, was er davon mit seiner zerquetschenden Aussprache, in einer Türe stehend und den Durchgang hemmend, mir aus dem Gedächtnis hersagte.«

Zwischen dem vier Jahre jüngeren Varnhagen von Ense, in dessen Augen Chamisso bald »der bravste Kerl von der Welt« war, und dem dichtenden Regimentsangehörigen entwickelte sich allmählich eine Art »Herzensbruderschaft«. Sie tauschten ihre Gefühle und Ansichten aus und suchten sich »gemeinschaftlich zur Höhe der Literatur emporzuheben«. Welchen Stellenwert das eigene Schreiben schließlich unter ihnen einnahm, kennzeichnet ein weiteres Zitat Varnhagens: »Mit den jüngeren Freunden ging der poetische Verkehr lebhaft fort, und unsre Poesie atmete nicht bloß in unsern Gedichten, sie war das Element, in welchem wir lebten.«

Offenbar verstanden sie es, sich in diesem Element recht behaglich einzurichten, und keineswegs ging es ihnen dabei immer nur um die Literatur selbst: »Mit Chamisso knüpften sich die Bande stets fester; sein wunderliches Wesen machte ihn nicht für jedermann willkommen, besonders scheuten die jungen Frauenzimmer seine etwas derbe Anmut; der versprochene Preis für ein Gedicht, der mir von Karolinen durch einen Kuß bezahlt wurde, blieb ihm, der doch gleichfalls sein Gedicht lieferte, versagt...«

Karoline war die Tochter von Freunden der Cohens, die Adelbert in deren Haus kennenlernte. Warum sie ihn so zurückgesetzt hat, ist nicht überliefert. Aber der verweigerte Kuß wird den Freunden neuen lyrischen Stoff geliefert haben, denn Varnhagen berichtet: »Alles und jedes mehrte nur unsere Gedichte, und sie wuchsen bald allzu gedrängt, als daß sie nicht endlich aus dem Pult unruhig an das Licht gestrebt hätten.«

Bei einem gemeinsamen Abendspaziergang im Garten beschlossen die beiden, ihre Gedichte in einem Musenalmanach drucken zu lassen. Von der eigenen Idee begeistert, prüften sie als erstes die vorhandenen Arbeiten und erkannten bald, daß das meiste davon viel zu persönlich gehalten war, um es veröffentlichen zu können. Chamisso sprach daraufhin mit einigen Freunden, von denen er wußte, daß sie ebenfalls Texte in der Schublade hatten, und kurz darauf stellte Varnhagen erstaunt fest: »Allein, noch ehe wir selbst gedruckt waren, sahen wir uns gleich erst in Stolz und Macht des Richteramtes versetzt und mußten die ersten Beiträge, die uns angeboten wurden, des Druckes unwert erklären.«

Julius Eduard Hitzig lieferte schließlich Übersetzungen aus dem Spanischen, Englischen und Italienischen sowie ein paar eigene Werke. Ludwig Robert, der Bruder von Varnhagens späterer Frau, Rahel Levin, lieferte ebenfalls reichlich Eigenes, und Franz Theremin, ein Mitglied der französischen Kolonie, steuerte einige Blätter bei, »denen er aber jede Andeutung seines Namens versagte«.

Als dann endlich ein – ihrer eigenen Meinung nach – druckreifes Manuskript zusammengestellt war, versuchten sie damit ihr Glück bei Verlegern. Doch es sollte ihnen anfangs kaum besser ergehen als anderen hoffnungsfrohen Talenten auch. »Chamissos und meine Bemühungen bei Buchhändlern, die wir kannten oder nicht kannten, schlugen sämtlich fehl.« Zwar habe man es angeblich nicht gewagt, an der Qualität der Gedichte zu zweifeln, doch man verlangte klangvolle Namen, die schon bekannt und berühmt waren, um den Almanach auch verkaufen zu können. Staunend erfuhren die Freunde, daß selbst solche Dichter als erfolgversprechend anerkannt worden wären, über deren Werke sie selbst sich längst erhaben fühlten.

Schließlich blieb ihnen nichts anderes übrig, als das mühsam erstellte Manuskript auf eigene Kosten drucken zu lassen. Hitzig vermittelte ihnen eine Adresse in Leipzig, Chamisso finanzierte das ganze Unternehmen und soll dabei »nicht ganz ohne Einbuße davongekommen sein«, obgleich Varnhagen und Wilhelm Neumann, damals als Handlungsgehilfe im Hause Cohen angestellt, ihm einen Teil der Auflage abkauften.

Woher ausgerechnet Chamisso das Geld für den Druck nahm, ist nicht bekannt. Man vermutet aber, daß er sein schmales Gehalt etwas aufbesserte, indem er Kupferstiche kolorierte und verkaufte – eine Kunst, die er während der Jahre der Flucht notgedrungen erlernt hatte.

Obgleich vom literarischen Wert dieser Jugendversuche nach Varnhagens späterer selbstkritischer Einschätzung kaum die Rede sein konnte, war die Freude über den ersten »Grünling«, wie der »Musenalmanach auf das Jahr 1804« wegen seiner Einbandfarbe genannt wurde, unbeschreiblich: »Genug, wir waren gedruckt, wir alle zum erstenmal, und das war keine Kleinigkeit!«

Auch Chamisso meinte später, der Musenalmanach, dem noch zwei weitere folgten, sei unausgereift gewesen. Doch er könne diese Jugenderinnerung nicht bereuen, denn »obgleich ein derartiges Dichten nicht viel mehr war als dürftige Ausfüllung der damals durch die sogenannte neue Schule anempfohlenen Formen, machte doch das Büchlein einiges Aufsehen, es brachte mich einerseits in enge Verbindung mit trefflichen Jünglingen, die zu ausgezeichneten Männern heranwuchsen, andererseits zog es auf mich die wohlwollende Aufmerksamkeit von Männern, unter denen ich nur Fichte nennen will, der seiner väterlichen Freundschaft mich würdigte.«

Nach und nach erweiterte sich der Freundeskreis. Andere Studenten und Hauslehrer kamen hinzu: neben Hitzig und Wilhelm Neumann der spätere Professor der Theologie J. A. W. Neander sowie der künftige Orientalist und Forschungsreisende Heinrich Julius Klaproth.

Im Winter 1803/1804 hörten die Freunde gemeinsam August Wilhelm Schlegels Vorlesungen über »romantische Poesie« und zeigten sich davon nachhaltig beeindruckt. Zuvor hatte schon der Bruder, Friedrich Schlegel, in der Zeitschrift »Athenäum« eine Begriffserklärung gegeben: »Die romantische Poesie ist eine progressive Universalpoesie. Ihre Bestimmung ist nicht bloß, alle getrennten Gattungen der Poesie wieder zu vereinen und die Poesie mit der Philosophie und Rhetorik in Berührung zu setzen. Sie will und soll auch Poesie und Prosa, Genialität und Kritik, Kunstpoesie und Naturpoesie bald vermischen, bald verschmelzen.« Die Vorstellungen der Romantiker zielten also auf eine »Poetisierung« des ganzen Lebens.

Schlegel wies in seinen Vorlesungen auch auf die großen Dichter der Weltliteratur hin, Calderón, Cervantes oder Shakespeare; er sprach über den poetischen Wert des Nibelungenliedes und die deutschen Volksbücher. Chamissos Entwicklung als Dichter wurde durch diese vielfältigen Anregungen wesentlich gefördert.

Da die Freunde tagsüber ihre Berufe hatten, verlegten sie ihre Treffen auf den späten Abend bis tief in die Nacht. »Diese poetischen Tees des grünen Buches, wie wir sie nannten, weil dasselbe die Grundlage und Hauptbeziehung unsres Zusammenkommens blieb, nahmen ihren Anfang sehr einfach bei Hitzig, der vielen Raum hatte«, schrieb Varnhagen. Später traf man sich dann unter anderem auch bei Chamisso auf der Wache am Brandenburger oder Potsdamer Tor, und zwischen den militärischen Unterbrechungen durchwachten sie halbe und ganze Nächte in Gesprächen über Poesie oder Studien- und Lebenspläne, deren Ausführung allerdings noch in weiter Ferne lag.

4 Romantisches Zwischenspiel

Drei Frauen: Cérès, Maschinka, Augusta

Erspare mir, lieber Freund, die schmerzliche Wiederholung alles dessen, was ich erdulden mußte. Die Frauen bezeigten oft das tiefste Mitleid, das ich ihnen einflößte; Äußerungen, die mir die Seele nicht minder durchbohrten als der Hohn der Jugend und die hochmütige Verachtung der Männer, besonders solcher dicken, wohlbeleibten, die selbst einen breiten Schatten warfen. Ein schönes holdes Mädchen, die, wie es schien, ihre Eltern begleitete, indem diese bedächtig nur vor ihre Füße sahen, wandte von ungefähr ihr leuchtendes Auge auf mich; sie erschrak sichtbarlich, da sie meine Schattenlosigkeit bemerkte, verhüllte ihr schönes Antlitz in ihren Schleier, ließ den Kopf sinken und ging lautlos vorüber.

Peter Schlemihls wundersame Geschichte

In dieser Zeit, in der Chamisso sich intensiv wie noch nie mit deutscher Sprache und Dichtung beschäftigte, verliebte er sich leidenschaftlich in eine französische Emigrantin.

Cérès Duvernay war Erzieherin bei den Ephraims in Tiergarten, die wie die Cohens ein offenes Haus führten, in dem Chamisso und seine Freunde oft zu Gast waren. Varnhagen berichtete: »... sie hatte ein kleines Söhnchen bei sich und vereinte mit tiefer Schönheit eine seltene Bildung... Ihre Auszeichnung und Lage deutete auf höhere, doch unglückliche Verwicklungen, deren Geheimnis aber, aller Forschung ungeachtet, stets bewahrt geblieben.«

Wie es der in Gesellschaft noch immer schüchtern und unbeholfen wirkende junge Leutnant geschafft hat, sich der schönen Cérès zu nähern, kann nur vermutet werden. (Varnhagen zufolge zog sich Chamisso damals oft in einen Winkel zurück, wo er stundenlang stumm saß.) Überliefert ist durch die Freunde, daß Cérès auf seine glühenden Liebesbeteuerungen mal kühl, mal ermunternd reagierte.

Hitzig erzählt, wie sie sich einmal im Garten bei Ephraims lebhaft mit mehreren Herren unterhielt, Chamisso aber gänzlich unbeachtet ließ. Sie wand Kränze und drückte jedem einen aufs Haupt – bis auf Chamisso, worauf er schmerzlich ausrief: »Und ich allein soll leer ausgehen?« Schließlich flocht ihm Henriette Ephraim einen Kranz, was er ihr später mit folgendem Gedicht dankte:

Ihr die mit der grünen Zweige
  Zierde mir das Haar umlaubt,
Seht den Kranz, er ist verwelket,
  Ist des grünen Schmucks beraubt.

Sagt, o sagt mir Unerfahrnen,
  Die ihr, welche euch genaht,

In der Liebe blühnden Kränze
  Lächelnd sich verstricken saht.

Sagt, o sagt mir Unerfahrnen,
  Welket auch der Liebe Kranz?
Ihre Blumen, ach die schönen!
  Strahlen die nicht ewgen Glanz?

Daß es bei der Verehrung der schönen Cérès wohl auch unter den Freunden nicht ohne Rivalität abging, zeigt eine Szene aus dem von Varnhagen und Neumann gemeinsam verfaßten Roman »Die Versuche und Hindernisse Karls«. Ursprünglich sollte auch Chamisso an dem Gemeinschaftswerk beteiligt sein, aber sein Kapitel kam zu spät für den Druck.

Die Episode scheint den Bericht über die im Garten der Ephraimschen Villa Kränze verteilenden Cérès direkt fortzusetzen und erzählt, wie sich zwei junge Männer, Karl und Friedrich, um die Aufmerksamkeit der schaukelnden Julie bemühen: »Unter gleichgültigen Reden waren sie zu einer Schaukel gelangt, die zwischen zwei hohen Bäumen herabhing. Julie eilte, sich auf den Schaukelstuhl zu setzen, und Karl freute sich von Herzen, dem Gegner den Rang abzulaufen, indem er ihm zuvorkam und die Schaukel mit der schönen Last in sanfte Schwingungen setzte. Friedrich stand ruhig dabei, nur wenn Julie an ihm vorbeiflog, trieb er allerlei kleine Neckerein, bald ihr die Hand zu küssen bemüht, bald Handschuhe und Körbchen mit unerwarteter Schnelligkeit raubend. Karl gab vorsätzlich dem Schwung eine schiefe Richtung, in der Hoffnung, den verhaßten Gegner wegzustoßen, allein dieser wußte mit großer Leichtigkeit auszuweichen und schien im geringsten nicht gehindert.«

Während Karl also die Schaukel in immer heftigere Bewegung versetzt, gelingt es Friedrich, von Julie kokett ermuntert, zu ihr auf den Sitz zu steigen. Wütend hält Karl die Schaukel an und hebt Julie vom Sitz. »Wie ein Blitz fuhr er sodann gegen die Schaukel an, stieß sie mit aller Kraft in die Höhe, und führte, während Friedrich die Luftfahrt hin und her mehrmals gezwungen fortsetzte, das Fräulein zu der übrigen Gesellschaft.«

Cérès Duvernay ist oft als kalte, kokette Frau bezeichnet worden, der die Verehrung Chamissos geschmeichelt, aber wenig bedeutet habe. Es wurde sogar behauptet, die junge Witwe sei »als Vorbild zu bezeichnen, das jedem bösartigen Weibe Chamissoischer Dichtung seine Züge geliehen« habe.

Wahrscheinlich erkannte sie durchaus, wie ernst es Chamisso meinte, und erwiderte seine Liebe sogar. Aber Cérès wird klarer gesehen haben, daß eine Verbindung zwischen ihr, der mittellosen Emigrantin, die für ihr Kind zu sorgen hatte, und dem ebenfalls unbegüterten jungen Leutnant keine Zukunft haben konnte.

Ihre vermeintliche Herzenskälte und Sprunghaftigkeit ist wohl auch aus ihrer Situation im Hause Ephraim zu erklären, die immer unerträglicher wurde. Offenbar wurde ihre Beziehung zu Chamisso mißbilligt, und sie zog sich zurück. In einem Brief an seinen nach Frankreich zurückgekehrten Freund Louis de la Foye, mit dem er sein Leben lang in brieflicher Verbindung blieb, schrieb Chamisso: »Dieses Geschlechtes Gerede bewirkten dies, daß sie mich sichtbar vermied und nur in kurzen Momenten mir den Zwang vergelten konnte, welches sie wohl tat…«

In einem anderen Brief stellt er resignierend fest, Cérès überlasse sich ihrem Schicksal, hoffe aber, sich irgendwie durchzuschlagen in der Welt. Unter dem Namen Freundin und Schwester sei sie ihm eine Geliebte gewesen, deren Sprache nur die der Liebe war. Von einem amerikanischen Freund ist die Rede, dem sie versprochen sei. Beim Lesen der Briefe wird man aber den Verdacht nicht los, dieser Amerikaner – erst ein »silberhaariger Greis«, dann plötzlich ein Mann von dreißig Jahren – habe Cérès vor allem dazu gedient, Chamisso keine allzu großen Hoffnungen zu machen.

Zwei Bilder malte er für sie und überreichte sie ihr in einem goldenen Medaillon an einer langen Kette aus seinen Haaren. Cérès weigerte sich jedoch, das Medaillon anzunehmen.

Um von den Ephraims loszukommen, empfahlen ihr die Freunde, entweder in Berlin zu bleiben und jungen Mädchen bei ihr im Haus Unterricht zu geben, oder nach Königsberg zu gehen, wo ihr eine Stelle als Erzieherin angeboten worden war. Natürlich wäre Chamisso das erste wesentlich lieber gewesen, doch Cérès hielt dies für zu gewagt. »…sie fürchtete sich vor sich selbst, mir und der Welt; sie hätte mich nicht bei sich sehen wollen. Sie ergriff das zweite und hat schon den Ephraims für Dezember aufgesagt.«

Allerdings scheint sich Chamisso selbst auch nicht eindeutig verhalten zu haben. Er berichtet, wie er einen Ausbruch leidenschaftlicher Eifersucht von

Cérès erlebte. Nachdem er einen Abend bei der Familie Ephraim verbracht hatte, hielt sie ihm vor, daß er »die Henriette liebte, sei natürlich«. Daß er aber sie, Cérès, betrogen habe, um ihre Liebe geworben und sie als Deckmantel seines Verhältnisses zu Henriette benutzte, das sei schlecht von ihm.

Zwar beeilte er sich, alle Vorwürfe weit von sich zu weisen; seinem Freund de la Foye gestand er aber, daß sein Gewissen, wenngleich in einer anderen Angelegenheit, nicht ganz rein war. In Potsdam hatte er eine gewisse Maschinka kennengelernt, und bei einigen Gesprächen war man sich nähergekommen. »...wir saßen über Tisch nebeneinander und sprachen miteinander, und Gott weiß wie, da galten wir schon für zusammengehörend.« Dabei sei er »immer nur galant, nie leidenschaftlich« gewesen.

Als Maschinka wenig später wieder zu ihren Eltern zurückkehrte, wußte Chamisso nicht, ob er sie wiedersehen werde. Offensichtlich versäumte er jedoch nicht, einige Erkundigungen über sie einzuziehen, denn er berichtete seinem Freund, ihre Eltern seien nicht reich.

Er lasse also nun »der bis jetzt so frommen, trägen, lahmen Schindmähre« seines Schicksals »die Zügel schießen und sporne nicht«. Immerhin erwog er, der Cérès von der Maschinka und der Maschinka von der Cérès zu erzählen, ließ dann aber doch von dieser »pudelnärrischen« Idee ab.

Noch bevor Cérès Duvernay nach Königsberg abreiste, trat eine dritte Frau in Chamissos Leben: Augusta Klaproth, Schwester seines Freundes, die im ersten und zweiten Musenalmanach Gedichte veröffentlicht hatte.

Von ihrer Schwester und ihrer Cousine dazu gedrängt, überreichte ihm Augusta in seiner Wachstube am Brandenburger Tor ein vierstrophiges Gedicht, das er kaum anders denn als Liebeserklärung auffassen konnte. Chamisso, geschmeichelt und verwirrt, den ganzen Tag von Unruhe geplagt, verfaßte in der Nacht seinerseits ein Gedicht, das er ihr am nächsten Morgen überreichte.

Nun war auch Augusta von der Situation überfordert, denn sie bekam Fieber, und als Chamisso sie zum erstenmal wieder allein sah, führten sie ein »stockendes...Gespräch vom Wetter«.

Chamisso indessen schien Feuer gefangen zu haben, denn dem Freund de la Foye gegenüber bezeichnete er Augusta überschwenglich als »Sehnsuchtsblume, die da zum blauen Äther aufstrebt und durch einen schwachen Stiel an der Erde festgebunden ist... sie ist unter ihren Geschwistern, unter ihren

Cousinen, unter ihren wenigen Bekannten ganz allein, und das ist ein schreckliches Wort.«

Nachdem die anfängliche Verwirrung überwunden war, müssen die beiden wieder zu einem entspannten Verhältnis gefunden haben, denn Chamisso verkehrte täglich im Hause Klaproth und gab Augusta Unterricht. »... ich lehrte sie Französisch, die Lehrstunde war ernst, Lehrer und Lehrling heiter. Dann lasen wir gemeinsam, sprachen von der Dichtung und der Welt und dem Menschen und solcherlei Weise kam die Stunde des Mittagsmahls, das ich dort zu genießen mir nach und nach angewöhnt hatte. Dann, wenn es schön war, gingen wir wohl manche Meile auf und ab im engen Gang des kleinen Blumengartens spazieren, bis die Sterne zu funkeln anfingen, und waren frei und traulich wie die Frühlingsluft, und auch wie die Blütenwelt des Frühlings entwarfen wir für die nächste Zukunft Pläne eines gemeinsamen ernsten Fleißes, der Früchte trüge.«

Obwohl Chamisso versicherte, sein Verhältnis zu Augusta sei »so rein wie der Strahl des Sternes« gewesen, konnte böses Gerede nicht ausbleiben. Daß ein junger Mann täglich stundenlang allein mit einem unverheirateten Mädchen zusammen war, widersprach allen gesellschaftlichen Konventionen der Zeit. Und so mußte Augustas Bruder dem Freund unmißverständlich klarmachen, sein Vater wünsche »der regen Verleumdung wegen«, daß er Augusta seltener besuche.

Chamisso antwortete, »was zu antworten war«, und kam auch gleich selbst, um den Unterricht abzusagen. Er fand Augusta niedergeschlagen und in Tränen. »Seither sehe ich nichts als jene Tränen, die sie mir geweint«, schrieb er an de la Foye, »und mir mangelt nichts als sie und alles.«

Gleich darauf ist jedoch schon wieder von Cérès die Rede, für die er damals zweifellos die leidenschaftlichsten Gefühle hegte. Vor ihrer Abreise nach Königsberg habe sie, »das sonderbare, unbegriffen schöne Wesen!«, sich ihm gegenüber noch überaus liebevoll gezeigt, und nun trage er einen Ring von ihr am Finger, den er für immer behalten wolle.

Cérès blieb nur kurze Zeit in Königsberg, und ehe sie 1805 nach Frankreich zurückkehrte, machte sie in Berlin Station, wo Chamisso erneut heftig um sie warb. Er gestand ihr, daß seine Familie vorhabe, ihn standesgemäß zu verheiraten, doch er wünsche, allein auf der Welt zu sein und um ihre Hand anzuhalten.

Am Abend speiste er bei ihr im Zimmer, drückte »heilige Küsse« auf ihre Lippen, und am nächsten Tag zeigte er ihr zum Beweis seiner ernsthaften Absichten einen Brief seines Bruders. Darin versicherte Hippolyte, auch wenn sich Adelbert von der Familie abwende, bleibe er doch auf ewig sein Freund.

Daraufhin zerriß Cérès das Band aus seinen Haaren, das sie trug, und erklärte, nun seien sie für immer getrennt, er werde kein Wort mehr von ihr erfahren.

Mit Mühe brachte er schließlich doch aus ihr heraus, daß sie den Brief seines Bruders als Anschuldigung gedeutet hatte, daß sie einer standesgemäßen Verbindung Adelberts im Wege stand. Sie wollte »für keiner Eltern Sohn Verführerin« gelten.

Auch wenn sie sich ihm in den nächsten Tagen dann doch wieder etwas zugeneigter zeigte, ihm mehr und mehr Freundschaft und Liebe bewies, den Schmerz ihres Verlustes zeigte und am Tag des Abschieds sogar wieder ganz die alte war, so schrieb Chamisso kurz danach dennoch verzweifelt: »Und sie gehet unbekannt, wie sie kam, und sie läßt nur diese Adresse: poste restante.«

5 Warten auf die Wende

Der Freundeskreis löst sich auf. Marschbefehl nach Hessen. Entlassungsgesuch aus der Armee. *Adelberts Fabel*

Lieber Freund, wer leichtsinnig nur den Fuß aus der geraden Straße setzt, der wird unversehens in andre Pfade geführt, die abwärts und immer abwärts ihn ziehen; er sieht dann umsonst die Leitsterne am Himmel schimmern, ihm bleibt keine Wahl, er muß unaufhaltsam den Abhang hinab...

Peter Schlemihls wundersame Geschichte

Wieder einmal hatte Chamisso, der zunehmend von depressiven Stimmungen geplagt wurde, allen Anlaß, mit seinem Schicksal zu hadern. »Ich nage an meinem armen Herzen wie der Pelikan«, heißt es in einem Brief aus dieser Zeit.

Noch bevor Cérès Berlin verließ, hatte sich der literarische Freundeskreis aufgelöst. Der Bankrott des Kaufmanns Cohen im Jahre 1804 mag dazu beigetragen haben, daß sich die jungen Männer nun auf ihre lange aufgeschobenen Zukunftspläne besannen: Koreff, der Medizinstudent, wollte in Halle promovieren; Theremin hielt sich in der Schweiz auf; de la Foye war längst bei seinen Angehörigen in Frankreich, nach Chamissos Worten »im friedlichen Schatten... eigener Apfelbäume ein stiller Landuntertan des Kaisers Napoleon«; Hitzig wurde nach Warschau berufen, während Varnhagen und Neumann sich in Hamburg auf ein Studium an der Halleschen Universität vorbereiteten.

Zuvor hatten sie noch den später so genannten »Berliner Nordsternbund« gegründet: »Schon längst hatte uns die Deutung der Himmelsgegenden auf geistige Regionen gefallen«, schrieb Varnhagen an Hitzig, »... der Norden als Region der Wissenschaft war unser erwähltes allgemeines Gebiet, der Polarstern Zeichen dieser Richtung und zugleich der Unwandelbarkeit; in dem Garten in der Münzstraße Nr. 20, wo wir schöne Sommerabende verlebten, oft bis tief in die Nacht hinein, entstand zwischen uns der Gedanke an Ringe mit dem Stern und der griechischen Inschrift (τ. τ. π. ά., den Anfangsbuchstaben des griechischen Wortes für Nord- oder Polarstern); an letzterem hatte wir unsere besondere Freude...«

Zwar schrieben sich die Mitglieder dieses Freundschaftsbundes regelmäßig, berichteten sich auch von ihren Fortschritten beim Studium der griechischen Sprache und Literatur, aber natürlich war das kein Ersatz für die gemeinsam verbrachten Abende, für die Gespräche bis zum Morgengrauen. Wieviel Chamisso dafür gegeben hätte, den Freunden nicht nur brieflich

Chamisso, gezeichnet von E. T. A. Hoffmann

nahe zu sein, zeigt sein Brief an de la Foye, dem er das folgende Angebot unterbreitete: »Solltest Du... wiederum nach unserm Norden Deine Schritte leiten, so hast Du auf dieses zu rechnen d. h. 1) die Hälfte meines Bettes (solange ich unverheiratet bin), meines Zimmers, meines Lichts, meiner Heizung, 2) auch wenn es sein soll die kleinere Hälfte meines täglichen Brotes, da ich den größeren Appetit habe, die Pfeife rechnet sich natürlich zum Brote, 3) auf einige französische Stunden. Endlich auf eine ziemliche Leichtigkeit, ein Engagement als Hofmeister zu finden und vielleicht die Wahl unter mehreren.«

Aber de la Foye blieb, wo er war, und Chamisso wußte im Gegensatz zu seinen Freunden nicht, wohin ihn sein weiterer Lebensweg führen würde. Gab es für ihn überhaupt noch eine Zukunft außerhalb des ungeliebten Militärdienstes? Am liebsten wäre er seiner Cérès nach Frankreich gefolgt, wohin ihn auch seine Eltern riefen. Doch konnte er sich nicht vorstellen, in einem

Land zu leben, in dem er sich ganz in sich selbst verschließen müßte, um nicht zwischen allen Stühlen zu sitzen. Er fürchtete, »dort den verschrienen Namen eines Jakobiners, dort eines Gottesleugners, dort eines Bigotten und überall fast eines Verworfenen« zu erhalten und möglicherweise mit seinen Anschauungen die eigene Familie zu kränken.

Außerdem wollte er endlich sein eigenes Leben leben und nicht mehr nur den Erwartungen anderer genügen. »Ich möchte mit Fäusten mich schlagen! Ein Kerl von 24 Jahren und nichts getan, nichts erlebt, nichts erworben, nichts, rein gar nichts in dieser erbärmlichen Welt.«

Aber welche Möglichkeiten boten sich ihm, falls er es wirklich wagen sollte, aus dem verhaßten Militär auszuscheiden? Die Arbeit am Musenalmanach, die ersten Versuche, eine poetische Sprache zu finden – konnte ihm dies eine Zukunft eröffnen? Wohl kaum. »... daß ich kein Dichter war und bin, ist eingesehen«, schrieb er noch zwanzig Jahre danach an Rosa Maria Assing, Varnhagens Schwester, und tatsächlich galt der französische Emigrant aufgrund seiner sprachlichen Schwierigkeiten als der schwächste Poet unter den Freunden, der weit mehr als die anderen auf fremde Vorlagen angewiesen blieb. Schon das Pathos seines *Faust*-Versuches habe er sich von Schiller ausgeborgt, urteilten Zeitgenossen. Dessen Weltanschauungsgedichte fänden sich ebenso wie Goethes »Römische Elegien« oder Klopstocks Oden in seiner Dichtung wieder, und lange Zeit warf man ihm vor, sein Schreiben sei nichts weiter als ein bloßes Ausfüllen verschiedener dichterischer Formen – ein Vorwurf, der ihm selbst dann noch gemacht wurde, als er zu seinem eigenen Erstaunen doch als Dichter anerkannt war. So wurde zum Beispiel das Gedicht *Salas y Gomez* wegen des Terzinenaufbaus von den Literaten damals geradezu als Sensation gefeiert, während Thomas Mann, sonst ein großer Bewunderer Chamissos, über den dichterischen Wert dieser »schreckhaften Robinsonade« eher ironisch urteilt.

Den ersten Musenalmanach hatten die Freunde an Goethe und Schiller geschickt, aber keine Antwort erhalten; immerhin äußerten sich August Wilhelm Schlegel und Johann Gottlieb Fichte anerkennend dazu. In der Öffentlichkeit war dieser Almanach weitgehend unbeachtet geblieben. Der nachfolgende »Musenalmanach auf das Jahr 1805« wurde dagegen hart kritisiert, noch dazu aus einer Ecke, in der man »das Lager Goethes« vermutete. Dies seien nur Nachklänge einiger Dichter der neuesten Zeit, hieß es, denen das

Unendliche insofern nicht abzusprechen sei, als sie in der Tat kein Ende hätten. »Sie haben aber auch keinen Anfang...« stand in der Jenaischen Allgemeinen Literaturzeitung.

Ein dritter, auf dem Korrespondenzweg zusammengestellter Musenalmanach erschien 1806, blieb jedoch aufgrund der Zeitumstände ebenfalls so gut wie unbeachtet; ein vierter Almanach war von den Freunden offenbar geplant (in ihren Briefen ist davon immer wieder die Rede), er erschien allerdings nie.

So wichtig Chamisso die eigenen poetischen Versuche und die Arbeit an den Almanachen auch immer gewesen sein mögen, was man damals von dieser Art Handwerk hielt, belegt eine Anekdote Theodor Fontanes, der das folgende Gespräch zwischen einem Sohn Chamissos und von Möllendorff, dem Kommandanten eines Garderegiments, wiedergibt:

»v. M.: Also Chamisso! Was war Ihr Herr Vater?

v. Ch.: Dichter.

v. M.: Was?

v. Ch.: Dichter.

v. M. (halb wohlwollend, halb ägriert): Dichter? Nu gut, gut. Er muß doch aber auch was *Wirkliches* gewesen sein.

v. Ch. (verlegen): Mein Vater war auch Landwehroffizier.

v. M. (beruhigt und beruhigend): Na sehn Sie!«

Gleichwohl spielte Chamisso damals mit dem Gedanken, die militärische Laufbahn aufzugeben und wie Neumann und Varnhagen in Halle ein Studium zu beginnen – sehr zum Entsetzen seiner Eltern, die seine wissenschaftlichen ebenso wie seine dichterischen Ambitionen für schlichtweg unnütz und nicht standesgemäß hielten. Die politischen Zeitumstände zwangen ihn jedoch, diese Pläne vorerst aufzugeben.

Die Jahre zwischen dem sogenannten Frieden von Lunéville, 1801, und dem Ausbruch des dritten Koalitionskrieges, 1805, waren die einzige Friedenszeit auf dem Kontinent in der napoleonischen Ära. Kaum jemand zweifelte jedoch daran, daß diese Jahre für Napoleon, der sich 1804 in Anwesenheit des Papstes die Kaiserkrone aufgesetzt hatte und seither beunruhigende politische Aktivitäten entfaltete, lediglich eine Art militärische Atempause darstellten.

Im Oktober 1805 erhielt die Berliner Garnison ohne große Vorankündigung einen Marschbefehl und verließ die preußische Hauptstadt mit unbekanntem Ziel. Chamissos Regiment zog über Magdeburg und Hildesheim bis in die Nähe von Kassel und Fulda. Diese Nachricht, die alle seine Pläne zunichte machte, nahm er mit nahezu selbstzerstörerischem Sarkasmus auf: »Endlich, endlich wird es anders«, schrieb er an de la Foye. »Krieg soll es sein, und auch wir gehen hinein, Krieg also, sei er wild und bezahle mir, was er mir alles raubt, in wenigen Tagen sollen wir ins Feld.«

Während die englische Flotte unter Admiral Nelson die zahlenmäßig überlegenen französisch-spanischen Seekräfte bei Trafalgar vernichtend schlug, war Napoleons Armee auf dem europäischen Festland nicht aufzuhalten. Als der französische Kaiser erfuhr, daß die mit den Russen verbündeten Österreicher ihre Grenze nach Westen überschritten hatten, ließ er seine Truppen in nur vier Wochen vom Lager bei Boulogne an der Kanalküste nach Süddeutschland marschieren und erzwang in Ulm die Kapitulation der größten österreichischen Armee. Die drei süddeutschen Staaten, Bayern, Württemberg und Baden, die, wie auch Preußen, durch den Reichsdeputationshauptschluß des Jahres 1803 wesentliche Gebietsvergrößerungen erfahren hatten und an einer Wiederherstellung des alten Zustands nach einem Sieg Österreichs wenig interessiert waren, traten erstmals als Verbündete Frankreichs auf; kaum einen Monat später zog Napoleon in Wien ein, und am 2. Dezember 1805 besiegte er in der Dreikaiserschlacht bei Austerlitz Rußland und Österreich. Diese Schlacht kostete rund zwanzigtausend Russen, etwa sechstausend Österreicher und zwischen acht- und neuntausend Franzosen das Leben. Die Verwundeten starben meist ohne Beistand qualvoll am Wundfieber, die Toten ließ man in der Regel einfach auf dem Schlachtfeld liegen. Vielleicht ahnte Chamisso, der geborene Franzose in deutschen Diensten, wie wenig angebracht angesichts des Elends der betroffenen Menschen Begriffe wie »Erfolg«, »Leistung«, »Sieg« in Zusammenhang mit militärischen Ereignissen sind. Außerdem bedrückte ihn der beklagenswerte Zustand der preußischen Armee: »... die tapferen [französischen] Jungen, die zu Fuße gehen, frei von Gepäck, auf nackter Erde im Froste schlafen und rasch sind wie nicht Couriere hier zu Land... Tische, Stühle, Betten und Bettstellen, ja Nachtstühle schleppen wir mit, schleppen uns selbst unter Klagen kleine drei Meilen und fallen um.

Schlacht bei Austerlitz
Stich von F. Delaunay nach einem Gemälde von F. P. Gérard

Auch herrscht von Anfang an eine liebenswürdige Unordnung, welche mich erschreckt: Brot, Futter fehlt, Pferde werden vermißt. Ich habe nichts mitgenommen als Bollwerk gegen die unedle, verhaßte, erstarrende Kälte, 3 Dekken, ein leichter Koffer und mein Zelt, anderthalb Zentner in Summa, worüber viele die Hände über den Kopf zusammenschlagen wollen; aber daß Homeros... und ein Schreibzeug mitgekommen sind, weißt du nur so von selbst. Vor dem Ausmarsch haben sich 3 Compagniechefs (anderer Regimenter) ersäuft, erschossen und den Hals abgeschnitten.«

Der Gedanke, gegen sein Vaterland kämpfen zu müssen, stürzte Chamisso in tiefe Zweifel. Sein Gegner im Gefecht könnte dann de la Foye sein, der nach Frankreich zurückgekehrte Freund und Bruder. Sogar seinen eigenen Brüdern könnte er gegenüberstehen. Als Chamissos Regiment den Marschbefehl erhielt, muß ihm unklar gewesen sein, ob Preußen mit Frankreich kämpfen oder sich der neuen Koalition gegen Frankreich (England, Rußland, Österreich, Schweden) anschließen würde.

Als einziger großer Staat Mitteleuropas war Preußen, das seit dem Frieden von Basel 1795 seine Neutralität gewahrt hatte, bislang noch nicht in den Krieg verwickelt. Weder Frankreich noch Rußland ließen allerdings einen Zweifel daran, daß man sich im Bedarfsfall über die Neutralität hinwegsetzen würde.

Am 15. Dezember 1805 unterzeichneten Preußen und Frankreich mit dem Vertrag von Schönbrunn ein »Schutz- und Trutzbündnis«; Preußen stimmte sämtlichen Eroberungen Frankreichs in Italien zu, erklärte sich mit der Vergrößerung der süddeutschen Staaten einverstanden und trat Ansbach und andere Gebiete gegen die Aussicht ab, dafür das damals mit Großbritannien verbundene ehemalige Königreich Hannover zu erhalten. Zwar wurde der Schönbrunner Vertrag von Friedrich Wilhelm III. dann doch nicht ratifiziert, 1806 gelang es Napoleon jedoch, endgültig einen Keil zwischen seine Gegenspieler Preußen und England zu treiben, indem er Preußen vertraglich die Besetzung Hannovers gestattete und es dafür zur Schließung der Nordseehäfen verpflichtete.

In der Folge dieser Politik zog Chamissos Regiment als ständige Besatzung in die Festung Hameln ein, wo Neumann und Varnhagen von Ense ihn während der Ostertage auf dem Wag nach Halle besuchten. »Sehr groß war die Freude des Wiedersehens«, berichtet Varnhagen in seinen »Denkwürdigkeiten«. »Wir tauschten alles aus, was wir inzwischen erlebt, gelernt und gesonnen hatten, besonders beschäftigten uns die Pläne für die nächste Zukunft. Für Neumann und mich war die freudigste Bahn eröffnet, mit Verdruß blickte Chamisso seine Wege verworren und abgebrochen.« Falls er in Friedenszeiten in den Diensten des preußischen Militärs bliebe, würde er allenfalls nach »durchquälten Jahren eine traurige Altersversorgung« erhalten, wenn er dieses Alter überhaupt erreichte; ein Krieg aber war trotz des Vertrages nur gegen die Franzosen wahrscheinlich, mithin gegen seine eigenen Landsleute.

Chamisso fühlte sich zudem nach den Worten Varnhagens immer mehr zur Wissenschaft gedrängt: »Eines Abends, da er den Wachtdienst an einem der Tore hatte und wir spät im Mondschein auf den Wällen und Brücken mit ihm hin und her wandelten, kam sein kämpfendes Wollen zum festen Entschluß, und auf der Stelle weihte er gleichsam sich mit uns zum hallischen Studenten ein, denn er wollte gleich nach unsrer Wegreise seinen Abschied fordern und uns dann unverzüglich folgen, um ordentliche Studien zu treiben.« Offenbar hoffte er auf finanzielle Unterstützung der Eltern.

Tatsächlich reichte Chamisso, nachdem Varnhagen und Neumann abgereist waren, seinen Abschied ein – eine Entscheidung, die ihn in ein Wechselbad von Hoffnung und Verzweiflung stürzte. »Am zweiten Osterfeiertage in später Nacht hat mein Schicksal mich empfangen«, heißt es in einem Brief, »und ich soll von ihm geboren werden in die freie Welt – ein Nackter.«

Seine damalige Seelenlage beschreibt er in seiner ersten größeren Prosaarbeit *Adelberts Fabel,* über die er nach eigenem Bekunden acht Tage lang nachgedacht und die er dann in einer einzigen Nacht niedergeschrieben hat:

Eines Morgens beim Aufwachen sieht Adelbert neben sich einen weißen Wanderstab. Er beschließt, ihn zu ergreifen und sich die Welt anzusehen, aber der Stab und auch er selbst und seine Kleider sind fest am Boden angefroren, und er kann sich aus der schier ausweglosen Lage nicht befreien. »...es wechselten die Monde, und die Jahre vergingen: er aber lag immer noch fest angefroren an dem Boden, und über seinem Haupte rauschten blätterlos die dürren windgeschlagenen Äste des Baumes. – Auch hatten sich rings um ihn, so weit er sehen konnte, Mauern aus Eis getürmt, die ihn umfingen und sich eng und enger um ihn drängten, gleich Mauern eines Kerkers, eines Grabes.« (Lebendig eingemauert – Chamisso ist kein Bild zu stark, um den Winter seines bisherigen Lebens zu beschreiben. In einem auffallenden Mißverhältnis dazu steht die Trägheit Adelberts in der Fabel, der sein Los seltsam ungerührt, fast teilnahmslos hinzunehmen scheint.) Adelbert hofft »auf Gott und Tauwetter« und erträgt im übrigen stoisch sein Schicksal, bis er eine Erscheinung hat: Vor ihm steht eine Frau, die einen Ring vom Finger streift, ihm und sich selbst eine Locke abschneidet und durch den Ring zieht. Draufhin verschwindet sie.

Erst jetzt erwachen Adelberts Lebensgeister. Er will der Frau nacheilen, aber er bleibt im Eis gefangen, bis er in dem Ring ein Zeichen entdeckt. In griechischen Lettern steht da das Wort *Wollen.* Adelbert ruft aus: »Sei's! Ich will's!«, und augenblicklich schmilzt das Eis um ihn. Auf einmal sieht er sich von Meereswogen umbrandet. Er wirft sich in die donnernde Flut und wird von den Wellen getragen. Wieder erscheint ihm die seltsame Frau, und der zuvor so träge seinem Schicksal ergebene Adelbert, der sich durch die Kraft des eigenen Willens befreit hat, folgt der Erscheinung, bis er in ein unterirdisches Gewölbe kommt. Er sieht dort eine ungezählte Menge von Webstühlen und jeweils zwei sich gleiche Gestalten und bemerkt, daß die beiden ihm am nächsten stehenden Weberinnen der Frau gleichen, die ihn aus seiner Lethargie befreit hat. Beide blicken ihn an, und Adelbert erkennt in dem Gewebe, an dem sie arbeiten, sein eigenes Leben. Die beiden äußerlich gleichen Gestalten sind seine Schicksalsgenien, den Widerstreit zwischen der »inneren Selbstmacht« und den »äußeren Weltmächten« symbolisierend. Als er das begreift, sieht er mitten im Raum einen Alten sitzen, auf dessen Stirn in griechischen Lettern das Wort *Notwendigkeit* geschrieben steht.

Er zieht den Ring vom Finger und liest ein neues Wort: *Mitwollen.* »Da erwachte er; und er hatte das Antlitz gewendet gegen die im Osten aufsteigende Sonne.«

6 Zwischen Pflicht und Neigung

Die Zukunftsträume platzen. Depressionen und neue dichterische Versuche. Die Übergabe von Hameln

Die Sonne war aufgegangen, auf der Straße kamen uns Menschen entgegen; ich nahm, obgleich mit innerlichem Widerwillen, den Antrag an. Er ließ lächelnd meinen Schatten zur Erde gleiten, der alsbald seine Stelle auf des Pferdes Schatten einnahm und lustig neben mir her trabte… Ich ritt weiter und blickte gierigen Auges und klopfenden Herzens seitwärts vom Pferde herab auf diesen sonst meinen Schatten, den ich jetzt von einem Fremden, ja von einem Feinde erborgt hatte.

Peter Schlemihls wundersame Geschichte

Sosehr Chamisso nun endlich dazu entschlossen war, seinem Leben eine Wende zu geben: Im Widerstreit zwischen den persönlichen Schicksalsgenien und den äußeren Weltmächten sah es, anders als bei Adelbert in der Fabel, so aus, als würden letztere die Oberhand gewinnen.

Jetzt, da er das Abschiedsgesuch eingereicht hatte, brannte er darauf, den Freunden nach Halle zu folgen. Doch die Entscheidung ließ auf sich warten. Brief um Brief schrieb er den Freunden, ohne die ersehnte Entlassung mitteilen zu können.

Varnhagen und Neumann schickte er seine Fabel und bat, selbst unsicher, um ihr Urteil: »Ich fühle, ich kann noch keine ruhige Prosa schreiben. Das Ding wird verzerrt genug dastehen.«

Offenbar gefiel das *Ding* aber durchaus, denn die Freunde nahmen es in einen Sammelband »Erzählungen und Spiele« auf, den sie im Oktober desselben Jahres herausgaben.

Im Mai schrieb er Neumann, das Gesuch sei nun an den König gegangen. Das Warten zermürbte ihn, und er klagte, es gehe ihm wie einem armen geplagten Teufel, »der da auf der Erde sitzt mit rücklings gebogenem Haupte und weit aufgesperrtem Maule, indem der Zahnbrecher hinter ihm den Zahn gefaßt hat und – und – noch nicht auszieht«.

Nun teilte er auch seiner Familie den Entschluß mit, in Halle ein Studium zu beginnen. Seine Mutter, die um die Existenz des Sohnes bangte, antwortete völlig ablehnend. Damals konnte er nicht ahnen, das dies die letzten Zeilen waren, die er von ihr erhielt.

Obwohl Chamisso bereits eine »Verzichterklärung auf alle Versorgung« unterzeichnet hatte, wurde sein Abschiedsgesuch schließlich nach vier langen Monaten wegen der akuten Kriegsgefahr vorläufig abgelehnt.

Im Juli lernte er in Nenndorf bei Hameln den Baron Friedrich de la Motte Fouqué kennen, nach seinem Pseudonym auch Pellegrin genannt. »Er rief mich, umarmte mich mit Kraft und Liebe, bot mir den Brudernamen an und

Friedrich de la Motte Fouqué (1777–1843), romantischer Dichter, den Chamisso in Nenndorf bei Hameln kennenlernte

ein Gespräch von vier Stunden und ein anderes von sechs Stunden, worin alles Heilige getauscht ward unserer Seelen«, berichtete Chamisso begeistert Varnhagen und fügte hinzu, Fouqué würde wohl augenblicklich dem Nordsternbund angehören, wenn er nicht mit sich selbst vereinbart hätte, keiner Gesellschaft beizutreten.

Fouqué entstammte einer hugenottischen Emigrantenfamilie. Sein Großvater war preußischer General gewesen, und er selbst schlug wie Chamisso eine militärische Laufbahn ein. Als preußischer Kornett hatte er 1794 am ersten Koalitionskrieg gegen Frankreich teilgenommen und war später zum Leutnant befördert worden. Als Chamisso ihn 1806 kennenlernte, war Fouqué bereits seit drei Jahren aus dem Militär ausgeschieden und gehörte zu den bekanntesten und einflußreichsten Gestalten des literarischen Lebens. Als Schüler August Wilhelm Schlegels vertrat er die Kunstauffassung der »romantischen Poesie«, in der alle literarischen Formen verschmolzen. Wie

Chamisso den Freunden nach Halle schrieb, erläuterte ihm Fouqué, »... wie etwa aus einer Geschichte ihr Roman, aus diesem Roman sein Märchen, aus dem Märchen vielleicht noch ein Gesang zu ziehen sei... Mit Pellegrin fielen wir auf eine andere Theorie, die eines Dramas, des höchsten vielleicht, wo die für sich höchst elegischen Figuren das höchst Komische gebären und wiederum die für sich höchst komischen das gräßlichste Tragische.«

Der Rückzug aus der unbefriedigenden Gegenwart in »heile« Welten der Vergangenheit, ein Grundzug der romantischen Dichtung, kennzeichnet auch Fouqués Erzählungen und Kunstmärchen, die meist im Mittelalter, in der deutschen Heldensage oder im Dreißigjährigen Krieg angesiedelt sind. Er erreichte damit weite Bevölkerungsschichten und hatte zu Lebzeiten mehr Erfolg als die meisten seiner Dichterkollegen. Sein heute wohl bekanntestes Werk ist die Märchennovelle »Undine«, die 1811 erschien.

Auf Fouqués Einfluß ist auch Chamissos Versuch einer weiteren umfangreichen Dichtung zurückzuführen: *Fortunati Glückssäckel und Wunschhütlein,* mit der er den in Hameln farblos dahingleitenden Tagen einen Sinn geben wollte. »Ich habe zu lange, die ihr mich beschämt, der Trägheit freudlos gepflegt. Ich will dichten; dem Sporn gehorchen Pellegrins.« Als Quelle für seinen *Fortunati* benutzte Chamisso einen Jahrmarktsdruck des 1509 erschienenen Volksbuches »Fortunatus« von einem vermutlich aus Augsburg oder Nürnberg stammenden unbekannten Verfasser. »Fortunatus« ist die Geschichte eines verarmten Bürgersohnes aus der Stadt Famagusta auf Zypern, der als Achtzehnjähriger hinaus in die Welt zieht, um sein Glück zu machen. Nur knapp dem Tod entronnen, findet er sich in einem wilden Forst wieder, wo ihm Fortuna begegnet und ihn zwischen sechs Gütern – Weisheit, Reichtum, Stärke, Gesundheit, Schönheit und langes Leben – wählen läßt. Spontan entscheidet er sich für den Reichtum und erhält daraufhin ein Glückssäckel, das ihm jeweils zehn Goldstücke spendet, sobald er hineingreift. Mit diesem Glückssäckel macht er eine Weltreise, heiratet – nach Zypern zurückgekehrt – eine Grafentochter, zieht erneut in die Welt und raubt in Alexandria dem Sultan ein Wunschhütlein, das ihm die Fähigkeit verleiht, im Nu an jedem Ort sein zu können.

Bezeichnenderweise interessierte Chamisso sich weniger für den geschilderten ersten Teil des Volksbuches, sondern bearbeitete den zweiten: Die Abenteuer der beiden Söhne, Andolosia und Ampedo, die vom Vater das

Glückssäckel erben, aber dadurch nur Unglück erfahren, weil sie nicht erkennen, daß Weisheit erstrebenswerter ist als Reichtum.

Chamisso nannte den *Fortunati* im Untertitel *ein Spiel* und plante, abweichend vom Volksbuch, dieses Spiel mit dem Untergang sämtlicher handelnden Personen enden zu lassen. »Ich will, sag ich, alle Kräfte aufbieten, zu denen meine Freunde mehr Zutrauen haben als ich ...«, schrieb er im September 1806 an Varnhagen, nachdem binnen vierzehn Tagen zwischen sieben- und achthundert Verse entstanden waren. Er erwartete von seinem *Fortunati* nicht weniger als einen »Probierstein der in mir zu nährenden Hoffnungen des Dichterberufs«. Allerdings fürchtete er, daß diese Probe für ihn sehr demütigend ausfallen würde, denn er war sich wie meist seiner Sache überaus unsicher: »... wer davon siehet, sei auch verpflichtet, mir derb die Meinung zu sagen; ich bin über das, was ich geschrieben habe, so blind, als stünde es japanisch vor mir und ich müßte es beurteilen.«

Schließlich wurde es für ihn immer schwieriger, seinen eigenen hochgesteckten Zielen gerecht zu werden: »Anhaltend, angestrengt, aber langsam, langsam, schreibe ich nieder. – Die Verse und den Reim bekämpf' ich mit unendlicher Mühsamkeit.« Die politischen Ereignisse dieser Tage und Wochen zwangen ihn schließlich dazu, den *Fortunati* unvollendet liegenzulassen.

Dabei blieb es dann letztlich auch, obwohl ihn Freunde durchaus zum Weitermachen ermuntert hatten; lediglich zwei Lieder, *Der Schatz* und *Katzennatur*, wurden später veröffentlicht und auch in Chamissos Gedichtsammlung aufgenommen. Das Motiv des Glückssäckels taucht im *Schlemihl* wieder auf. Damals aber schrieb Chamisso resigniert an Fouqué: »Mein armer Fortunat liegt da versiegelt auf meinem Tische, dem Eigentum gleich eines Verstorbenen – und ich blicke zu ihm mit Wehmut.«

Die letzte Zeile des erst aus dem Nachlaß als Fragment herausgegebenen *Fortunati* lautet: »Zu der Tiefe hinab« – ein Satz, der auch über einer Schilderung der nun folgenden Jahre Chamissos stehen könnte, denn binnen kurzem zerplatzten alle seine Lebensträume und Zukunftspläne wie Seifenblasen.

Im Juli 1806 schloß Preußen mit Rußland eine geheime Verteidigungsallianz, nachdem bekannt geworden war, daß Napoleon unter der Hand England eine Rückgabe Hannovers angeboten hatte. Am 9. August 1806 ordnete

König Friedrich Wilhelm III. eine Teilmobilmachung seiner Armee an. Napoleon reagierte mit Abwehrmaßnahmen, die von Preußen als Kriegsvorbereitungen gedeutet wurden. Friedrich Wilhelm III. ließ die auf Drängen Frankreichs für britische Waren geschlossenen preußischen Häfen wieder öffnen, forderte ultimativ den Abzug sämtlicher französischer Truppen aus Süddeutschland und erklärte am 9. Oktober 1806 Frankreich den Krieg. Zwei Tage zuvor hatte Napoleon in Bamberg ein Dekret erlassen, wonach jeder Franzose, der jetzt noch im preußischen Heere diente, vor ein Kriegsgericht gestellt und zum Tode verurteilt werden sollte. Chamissos Reaktion darauf verrät wahrscheinlich mehr über seine damalige Seelenlage als viele seiner Briefe aus dieser Zeit, in denen manch markiges Lippenbekenntnis zum angeblich wunderbaren Soldatsein zu lesen ist. Manchmal hat man den Eindruck, als wollte Chamisso, den seine Kameraden aufgrund seiner Herkunft eher argwöhnisch betrachteten, sich gerade deshalb als hundertfünfzigprozentiger Preuße beweisen.

Zwar sei er sich mit Varnhagen im trauten Gespräch darüber einig gewesen, daß es sich nur unter den eigenen Landsleuten zieme, die Waffen zu führen, weshalb er in seinem Abschiedsgesuch auch auf dieses »eingesehene Mißverhältnis« hingewiesen hatte. Nachdem das Gesuch abgelehnt worden war, habe er »gelitten, was ein Mensch... der alles schwer nimmt, wie es meine Art ist, nur leiden kann und mag«, sich dann aber in seine Lage geschickt. Jetzt, da das kaiserliche Dekret dies alles nochmals zur Sprache brachte, bleibe er »getrost in Reih und Glied gegen mich selber«.

Fünf Tage nach Friedrich Wilhelms Kriegserklärung, am 14. Oktober 1806, wurde die preußische Armee in Jena und Auerstedt vernichtend geschlagen. Drei Tage danach war an den Mauern Berlins in einem offiziellen Aushang zu lesen: »Der König hat eine Bataille verloren. Jetzt ist Ruhe die erste Bürgerpflicht...« Friedrich Wilhelm III. und seine Regierung flohen ins ostpreußische Memel, und am 27. Oktober marschierte Napoleon in Berlin ein.

Das in Hameln stationierte Regiment »von Götze«, zwischenzeitlich umbenannt in »Prinz von Oranien«, befand sich unterdessen in höchster Alarmbereitschaft. Täglich rechnete man mit einem Angriff holländischer Truppen unter dem Befehl von Napoleons Bruder Louis Bonaparte. Chamisso war gesundheitlich stark angeschlagen, nachdem er sich im Sommer eine schwere

Schlacht bei Jena am 14. Oktober 1806. Stich von Bovinet nach einer Zeichnung von Swebach

Verletzung zugezogen hatte, die im September noch nicht auskuriert war: »Seit etwa zwei Monaten haben zwei Chirurgen mein rechtes Bein in die Arbeit genommen, der Morgengruß heißt also bei mir ›Gib Pfote‹, und als ein gut abgerichteter Hund von Mensch lasse ich sie alsbald verabfolgen. – Trotz aller ihrer Bemühungen wird auch der Schaden nicht größer, sondern aber er bleibet wie er ist…«

Am 29. Oktober, zwei Tage nach Napoleons Einmarsch in die preußische Hauptstadt, berichtete Chamisso, wie ihn nach den Tagen der »Einfüßigkeit« auch noch die Ruhr heimsuchte; das deshalb verabreichte Opium habe ihn völlig zerschlagen – ganz mager und schwach fühle er sich. Er sehnte sich nach den Freunden und befand sich in einer so düster-depressiven Stimmung wie selten zuvor: »Ich bin heut abend so schwarz wie meine Tinte…«

Schließlich erfuhr er, daß Napoleon mit einem Schlag seinen dringlichsten Zukunftswunsch zunichte gemacht hatte: »Die Universität Halle, mein zweites Land, hat aufgehört zu sein, und ich wüte in meinem Herzen.« Wie ein Hilferuf klingt Chamissos Aufforderung an die Freunde, ihm doch täglich zu schreiben in diesen vielleicht letzten Stunden, ehe sie angegriffen würden.

Am 21. November 1806 verkündete Napoleon von Berlin aus die sogenannte Kontinentalsperre, eine Wirtschaftsblockade des europäischen Kontinents gegen Großbritannien. Am selben Tag wurde die Festung Hameln kampflos übergeben. »Ein neuer Schimpf haftet auf dem deutschen Namen«, schrieb Chamisso, »es ist vollbracht das Schmähliche, die Stadt ist über.«

Diese Empörung erscheint fast absurd: Der junge Leutnant, der ungeduldig auf seine Entlassung aus dem Militär wartet, der voller Skrupel ist, gegen seine französischen Landsleute kämpfen zu müssen, beklagt sich bitter, daß ihm ebendies erspart wurde.

Zu erklären ist Chamissos zwiespältige Haltung durch seine Auffassung von Ehre und Pflicht, die wohl der Familientradition entsprach. In dieser Situation sah er sich nur als Soldat seines von Frankreich angegriffenen Gastlandes Preußen und war gewillt, seine Pflicht zu tun. Die Übergabe Hamelns, von der Heeresleitung ohne Wissen der Offiziere und Mannschaften ausgehandelt, empfand er, genau wie seine Kameraden, als ehrlos. Es kam – bisher undenkbar in der preußischen Armee – zu einer regelrechten Revolte.

In Briefen an die Freunde und in einem Bericht für die preußische Armee

Einzug Napoleons in Berlin durch das Brandenburger Tor am 27. Oktober 1806
Zeitgenössisches Gemälde von Charles Meynier

schildert er das Ereignis. Seiner Meinung nach hätte man die Festung halten können. Wesentliche Maßnahmen zur Verteidigung der Stadt seien unterlassen worden, während man es nicht versäumt habe, Abtritte auf den Forts zu erbauen und die Schilderhäuser schwarz und weiß, nach preußischer Sitte, anmalen zu lassen. In Fort No. 1 seien Küchen errichtet worden, während die jungen unerfahrenen Infanterieoffiziere Verteidigungsmaßnahmen treffen mußten. Nicht mal zum Schein habe man ihnen Hilfe angeboten, die Stadt sei früher übergeben als angegriffen worden. In Wirklichkeit habe die Führung nur auf Mittel und Wege gesonnen, sie zu verraten.

Gegen Abend zur Vesperzeit kehrten die Befehlshaber von den Unterhandlungen zurück. Kurz darauf »ging das Wort, der Handel sei geschlossen. Wie es laut ausgesprochen, erhoben wir uns im Sturme, riefen Fehlende in Hast herbei und gingen viele an der Zahl zum Kommandanten, daß er uns Rede stehe und die Wahrheit sage... O mein Freund, nicht um meiner Seele Preis hätt' ich mögen einer der Sünder sein! Wie standen sie ängstlich vor uns da, blöden, lichtscheuen Wortes Antwort uns gebend: In Berlin sei doch schon der Feind, die Macht des Königs vernichtet, Magdeburg und Küstrin, und Spandau und Stettin, und Gott weiß welche Städte mehr hätten die Tore wohl eröffnet, warum doch ein Gleiches nicht tun, in der Zukunft müsse es doch kommen, und endlich, es sei nun einmal geschehen«.

Chamisso und die anderen Offiziere wurden dazu angehalten, »die Burschen in Ruhe und in den Quartieren zu erhalten, da die an sie gelangende Kunde sie zu empören drohte«. Daraufhin versammelten sich einige von ihnen im Kaffeehaus, wo Chamisso eine flammende Rede gehalten haben soll: Man könne kein Zutrauen in die eigene Führung mehr haben, und sie seien nun also ohne Haupt und müßten sich ein neues geben. »Alle eines Sinnes und fest auf uns vertrauend, laßt die Namen auf Zettel schreiben, in einen Hut werfen und schwingen, und das Los gebe uns ein neues Haupt. Laßt dann die Regimenter unter die Waffen treten, die Tore öffnen und ruft aus: Wer nicht kämpfen will, bis er falle, ziehe hin, wir brauchen seiner nicht.«

Dazu kam es dann aber nicht, weil in der Stadt Alarm geschlagen wurde. »Die Burschen wußten sich verraten und ließen ihre Wut walten.« Die Magazine wurden geöffnet, und berauscht von ihren Vorräten zogen die Kämpfer vor das Haus ihres Kommandanten und verlangten, von ihm selbst das Unglaubliche zu hören. Als er es aber nicht wagte, den Anführern entgegenzutreten, zerstörten sie im blinden Eifer sein Haus. »Die ganze Stadt war ein wilder Tummelplatz des gerechten Unwillens, der Soldat verschoß seine unnötige Munition in den Straßen, betrat im Leichtsinn die mit Pulver angefüllten Kasematten, und ein entfallener Funke schleuderte eine Schar braver Preußen hoch in die Lüfte. Schon hatte dieser Sturm einige Stunden die Einwohner geängstigt, als endlich nach wiederholtem dringendem Ersuchen des preußischen Generals noch vor der bestimmten Zeit die ersten Vorposten der Feinde das äußerste Tor besetzen... jetzt waren alle Bande des Gehorsams gelöst, wild warfen die Soldaten ihre Waffen von sich, zertrümmerten einen Teil des Gotteshauses... und sammelten sich dann noch einmal auf dem Marktplatze, um hier auf lange Zeit voneinander als Preußen sich zu trennen, denn sie sollten waffenlos in die ferne Gefangenschaft geführt werden.«

In einem tags darauf geschriebenen Brief, den er selbst als krankhaft bezeichnete, verstieg er sich in sicher berechtigter Wut darüber, von der Führung getäuscht worden zu sein, zu heute befremdlich klingenden Sätzen. Im Krieg werde »alle niedre Privatrücksicht auf das Einzelne in das allgemeine Große aufgelöst und von allen alles ohne Rückhalt an eine Idee gesetzt – an die Ehre, das einzige Lebendige noch, was...in diesen unsern winzigen, schmächtigen Zeiten, wo Staaten und Völker nur ungeglaubte Worte sind, die von Schelmen an Toren gesprochen werden, und wo Kunst, Religion, Sittlichkeit, Wissenschaft nur von einzelnen gepflegt werden, die Schwärmer heißen...« Der Ehre Priester aber sei der Soldat, fügte Chamisso hinzu, und man mag ihm dabei zugute halten, daß er sich damals wie ein Selbstmörder verhielt, der sich darüber beschwert, daß man ihm gerade noch das Leben gerettet hat.

Chamisso glaubte einerseits, nichts mehr zu verlieren zu haben, und war zudem offensichtlich bemüht, als Franzose in preußischen Diensten nur ja keinen Zweifel an seiner Einsatzbereitschaft zu lassen. Dazu hatte er auch allen Grund: Zwei Obristen wurden wegen ihres Verhaltens während der Belagerung später zu vier Jahren Festungshaft verurteilt; die beiden Kommandanten, der sechsundsiebzigjährige Generalmajor von Schöler und der ihm beigeordnete General Lecocq, erhielten lebenslänglich.

Chamisso selbst konnte sich durch sein »Memoire über die Ereignisse bei der Kapitulation von Hameln« rechtfertigen, in dem er die damalige Führung der Festung der Feigheit und Pflichtverletzung bezichtigte, und er erhielt daraufhin am 21. März 1809 ein Zeugnis des Wohlverhaltens, der »Pflichttreue im Kriege...«

In Wirklichkeit wußte Chamisso durchaus, daß für ihn »in diesem Jahrhundert kein Degen gewachsen« war. Auch über die in Wahrheit überaus schlechten Verteidigungschancen der Festung machte er sich kaum Illusionen: »Das Fort gestürmt, die Stadt bombardiert, in einer Nacht mußten diese hölzernen Häuser mit den angefüllten Scheunen und unsern Haupt-Magazinen in den Kirchen in Rauch aufgehen.«

Wenn er sich dennoch lieber dem »Kampf Mann gegen Mann« gestellt hätte, so wird dies noch andere Gründe gehabt haben als ein übersteigertes Ehrempfinden. Vielleicht erging es ihm ähnlich wie jenem Peter Schlemihl, der einst einem Mann im grauen Rocke den eigenen Schatten für ein Glückssäckel verkaufte, das ihn ebensowenig wie die Söhne des Fortunat glücklich machen sollte. Bei einer weiteren Begegnung mit dem grauen Herrn lieh ihm dieser nochmals für kurze Zeit seinen Schatten, worauf Schlemihl damit seine Reise fortsetzte. Nun konnte er sich wieder leicht und frei bewegen und flößte überall »die Ehrfurcht ein, die der Reichtum gebietet«. Seinem Seelenheil war damit allerdings noch keineswegs geholfen, und er erkannte: »...aber ich hatte den Tod im Herzen.«

7 Zwei Vaterländer und keine Heimat

Reise nach Frankreich und Rückkehr nach Preußen. Flucht aus dem national bewegten Berlin. Im Kreis um Madame de Staël. Das Ziel: Studium der Naturwissenschaft

D*urch frühe Schuld von der menschlichen Gesellschaft ausgeschlossen, ward ich zum Ersatz an die Natur, die ich stets geliebt, gewiesen, die Erde mir zu einem reichen Garten gegeben, das Studium zur Richtung und Kraft meines Lebens, zu ihrem Ziel die Wissenschaft.*

Peter Schlemihls wundersame Geschichte

Die Nacht des Aufruhrs verbrachte Chamisso bei einem Obristen, dem er als Adjutant zu dienen hatte und mit dem er sich ins Lazarett zurückzog. Am Morgen des 22. November 1806 geleitete er ihn »noch unter dem letzten Schießen« zu seiner Wohnung und wurde am nächsten Tag beim Einmarsch der holländischen Truppen gefangengenommen.

Was er zuvor als schmachvoll erachtet hatte, erwies sich nun für ihn als lebensrettend: Da ihm keine aktiven kriegerischen Handlungen nachgewiesen werden konnten und die Festung Hameln kampflos übergeben worden war, erhielt er den Status eines Gefangenen auf Ehrenwort und einen Paß nach Frankreich. Dort wollte er sich eine Weile verbergen und dann nach Deutschland zurückkehren. »...denn ein Deutscher, aber ein freier Deutscher, bin ich in meinem Herzen und bleibe ich auf immerdar«, schrieb er an die Freunde und fügte hinzu: »Nicht werd ich noch dienen.«

Im Dezember kam er mit der Postkutsche in Paris an und erfuhr dort von seinem Bruder, daß seine Eltern wenige Wochen zuvor gestorben waren; die Mutter am 20. Oktober, der Vater am 4. November.

Chamisso, der auf ein klärendes Gespräch gehofft haben mag, wird an den letzten Brief der Mutter gedacht haben. Ein Gefühl der Hilflosigkeit und der inneren Leere überkam ihn, und zeit seines Lebens konnte er sich nicht von Schuldgefühlen der Mutter gegenüber befreien. Noch in dem ein Jahr vor seinem Tod verfaßten Gedicht *Traum und Erwachen* bezichtigt er sich als den verlorenen Sohn, der seiner Mutter als einziger unter den Geschwistern nur Schmerz bereitet habe: »Ich konnt an die Welt mich nicht gewöhnen, / Die sich verschloß dem ungefügen Gast; / Ich taugte nicht in einem Amt zu frönen, – / So fiel ich allen und mir selbst zur Last.«

Seine Eltern hinterließen ihm eine kleine Rente von zwei- bis dreihundert Talern, die nicht ausreichte, um in der französischen Hauptstadt zu leben. Chamisso geriet vollends aus dem Tritt und verfiel schlimmer denn jemals zuvor in die alte Lethargie. Niedergeschlagen und mutlos, hin- und hergerissen zwischen zwei Nationen, die ihm beide zugleich vertraut und fremd waren, sah er keine Möglichkeit, sich eine befriedigende Lebensgrundlage zu schaffen. Im Land seiner Geburt, derzeit Diktatur von Napoleons Gnaden, in der Militär und neuer Adel den Ton angaben, war ihm auf einmal angst vor der Unabhängigkeit, nach der er sich so sehr gesehnt hatte, und nutzlos verrann ihm die kostbare Zeit: »Die Minuten sind von Gold, so wichtig, und fallen dahin – ehe ich mich umschaue, hat es mit mir geendet.«

Chamisso blieb nur kurz in Paris. Ein letztes Mal nahm er Kontakt zu seiner geliebten »göttergleichen« Cérès Duvernay auf. »Ich suchte sie unter ihrer Adresse rue Verneuil auf und fand sie. Ich drang in sie, meine Hand anzunehmen, und sie schlug sie einzig und allein meinetwegen aus, denn sonst hätte sie sich nichts Besseres gewünscht.«

In einem Brief an de la Foye schildert er, wie ihn Cérès in ihre Familie einführte: »... als der Bruder, der berlinische Bekannte Adelbert v. Chamisso... und dabei bleibt's.« Am 10. Januar 1807 heißt es in einem Schreiben an Julius Eduard Hitzig: »Ich fahre diese Straßen auf und ab im Innern Frankreichs, weiß noch nichts von meinem künftigen Schicksale. Wann das Wetter sich aufklären wird und die Nebel sinken, werden sich die Kinder Gottes schon zusammenfinden... Ich bin wie das Blatt gerissen vom Baum, bin jetzt elternlos.«

Den Sommer verbrachte er bei seinen Geschwistern auf dem Land. Doch obgleich ihn diese »unaussprechlich« liebten, fühlte er sich in ihren Häusern als Fremder. Sie versuchten ihn zum Bleiben zu bewegen und wollten sogar die Beziehung zu einer jungen vermögenden Witwe anbahnen. Durch eine Heirat wäre er zumindest aller finanziellen Sorgen entledigt. Doch Chamisso ließ sich weder darauf noch auf spätere Vermittlungsversuche seiner Brüder ein. »Partien von 100000 francs sind in alten Schlössern von Champagne zu holen«, äußerte er spöttisch dem Freund de la Foye gegenüber. Es drängte ihn, nach Deutschland zurückzukehren. »Ich werde kommen«, kündigt er Varnhagen und Neumann an, »so nicht der Himmel bricht, und die Erde, darauf ich fuße, umschlägt.«

Allerdings herrschte immer noch Krieg zwischen Frankreich und dem mit Rußland verbündeten Preußen, und Chamisso erhielt keinen Reisepaß. Erst gegen Ende September konnte er über Châlons-sur-Marne, wo er einem

Freimaurerorden beitrat, nach Mainz reisen, von dort nach Nennhausen zu Fouqué und schließlich gemeinsam mit Varnhagen zu Fuß nach Hamburg.

Noch immer hatte er keine klare Vorstellung davon, was aus ihm werden sollte: »...einen wackern, redlich es meinenden, einfachen Kerl, der nicht weit laufen, nicht hoch steigen, nicht tief dringen wird, geb ich ab und eigne mich wohl und nur dazu, in dem Palmenwald mein stilles Hüttchen zu bauen.« Nachhaltig beeinflußt von den Ideen Rousseaus, spielte er eine Weile ernsthaft mit den Gedanken, ein Bauer zu werden, Korn zu säen und Brot zu ernten.

Rosa Maria von Assing, Varnhagens Schwester, die Chamisso damals in Hamburg kennenlernte und mit der er von da an in einem regen Briefkontakt stand, beschrieb den Sechsundzwanzigjährigen: schwarzes, natürlich herabhängendes Haar, eine leichte Mütze, die ihm gut stand, ein kleiner Schnurrbart und das geistreiche Gesicht mit den »schönen, sprechenden Augen«. Er sei eine angenehme Erscheinung gewesen, und Bekannte hätten sich danach erkundigt, wer der schöne Mann war, mit dem man sie auf der Straße gesehen hatte. »Zugleich war er voll ritterlicher Höflichkeit und Galanterie, ein Erbteil seiner französischen Abkunft, die manchmal einen Anstrich von Steifheit hatte, weil sie echt altritterlich war, sich im Ganzen aber sehr gut in ihm machte, so daß man, sich in alte Zeit versetzend, ihn sich gern als einen Chevalier und ritterlichen Troubadour hätte denken mögen.«

Chamisso habe Witz und Humor gehabt, sei manchmal fröhlich wie ein Kind gewesen, und wenn er auch das Deutsche »nicht ohne Anstoß« sprach, so sei eine Unterhaltung mit ihm doch immer angenehm und interessant gewesen. »Man mußte ihn bald lieb haben, ihm volles Vertrauen schenken.«

Mit vom Fußmarsch wunden Füßen war Chamisso in Hamburg angekommen, »und mit wunderen noch, nach vierzehn Tagen fröhlichen Aufenthaltes, außerstande eine Viertelmeile zu Fuße zu gehen, mit der Berliner Post abgegangen«. Doch sosehr er sich darauf gefreut hatte, in die preußische Hauptstadt zurückzukehren: Bald mußte er erfahren, daß sich auch dort die Verhältnisse grundlegend und keineswegs zu seinem Vorteil gewandelt hatten.

Im Frieden von Tilsit, am 9. Juli 1807 unterzeichnet, war es mit Hilfe des russischen Zaren gerade noch gelungen, wenigstens die nackte Existenz eines kaum mehr souverän zu nennenden Rest-Preußens zu retten. Der Staat wurde um die Hälfte des Gebiets verkleinert, verlor fünf von zehn Millionen Einwohnern und hatte nun unter den Bürden französischer Besatzungstruppen, rund 150000 Mann, zu leiden. Hinzu kam die von Frankreich geforderte Kriegsentschädigung in Höhe von 154,5 Millionen Franken – Preußen hatte mit etwa 20 Millionen gerechnet.

In Deutschland, damals politisch zersplittert in zahlreiche Kleinstaaten, wurde die nationale Einheit und Unabhängigkeit zur Idee, die weite Teile des Volkes erfaßte. Vorbereitet war der Wille zur nationalen Selbstbestimmung durch den deutschen Idealismus und die Romantik. Dichter und Philosophen hatten im gebildeten Bürgertum das Bewußtsein kultureller Einheit über die Grenzen der staatlichen Zerrissenheit hinaus geweckt. Jetzt, unter der drückenden Fremdherrschaft, wurde die nationale Idee zum zündenden Funken.

Während Napoleon auf dem Höhepunkt seiner Macht war, wuchs in den unterdrückten Ländern der Wille zum Widerstand gegen die Fremdherrschaft. Im rückständigen Preußen wurden längst fällige Reformen unumgänglich, denn die Selbstbefreiung konnte nicht von einem rechtlosen, noch immer absolutistisch beherrschten Volke getragen werden.

Seit 1807 setzte Reichsfreiherr vom Stein die preußischen Reformen durch, die später von Hardenberg fortgesetzt wurden. Die Aufhebung der Leibeigenschaft und der strengen ständischen Gliederung, die grundlegende Idee der Mitverantwortung des einzelnen am staatlichen Leben und besonders die Heeresreform führten dazu, daß Napoleon in der Folge nicht mehr gegen schlecht ausgerüstete und wenig motivierte Söldnerheere kämpfte.

Für Chamisso bedeutete diese Entwicklung, daß er sich von der eigenen Geschichte eingeholt fühlte: Als Kind war er mit den Eltern aus Frankreich geflohen und wurde im Gegensatz zu anderen adligen Emigranten kein erbitterter Gegner der Französischen Revolution. Der nationale Größenwahn, den er gerade im Land seiner Geburt erlebt hatte, stieß ihn ab und ließ ihn sich fremd fühlen. Für die Ideen der Freiheit und Gleichheit, die nun auch in Preußen laut wurden, hegte er zwar Sympathien, aber das nationale Erwachen, die Franzosenfeindlichkeit, wollte er nicht mitvollziehen.

Am 11. Januar 1808 erhielt Chamisso seinen offiziellen Abschied vom Militär und zugleich die Erlaubnis, seine alte Armee-Uniform zu tragen. Für den Fall, daß man ihm sein Verhalten bei der Kapitulation von Hameln nicht

Johann Gottlieb Fichte (1762–1814), Philosoph des deutschen Idealismus. Mit seinen »Reden an die deutsche Nation« wurde er zum Wortführer der nationalen Erhebung Preußens

vorwerfen könnte, würde er zum »Capitain« ernannt werden. Trocken bemerkte Chamisso dazu in einem Brief an Fouqué, seine Verdienste um die preußische Krone beschränkten sich darauf, daß er nicht fortgelaufen sei. Wenn man nach gerechten Grundsätzen gegen alle verfahren wolle, so könne man die Armee in zwei Parteien einteilen, »... davon man die eine henken, die andere aber zu lauter Capitainen befördern müßte...«

Wieder einmal sah er sich zwischen den Stühlen, unfähig, einen Platz im Leben zu finden. »Mein Leben, das sich setzen und gestalten sollte, hat sich vielmehr in öden Sand geschlagen und verloren. Mir ist vieles abhanden gekommen, vieles zertrümmert und zerronnen, und ich habe für das teure Geld wenig genug eingekauft, ein Pfund Alter und ein Quentchen bittern Erfahrungs-Extrakt. Übrigens ist die Welt überall mit Brettern zugenagelt, und ich weiß nicht, wo aus noch ein.«

Im besetzten Berlin war an allen Ecken der nur wenig verhüllte Haß gegen das »Franzosentum« spürbar. Der von Chamisso verehrte Fichte hielt im runden Saal des Akademiegebäudes emphatische »Reden an die deutsche Nation«, sprach vom »vollkommenen Menschen« in einem »unvollkommenen Staate«, einem gemeinsamen Nationalcharakter und bezeichnete sich selbst als deutsch-preußischen Patrioten.

Chamissos Freunde waren verschiedene Wege gegangen: Varnhagen verließ die preußische Hauptstadt und setzte zunächst in Tübingen, dann in Wien seine Studien fort, Neumann war durch seine Stellung als Hofmeister eines gräflichen Hauses gebunden. Allein der aus Warschau zurückgekehrte Hitzig, der in Berlin eine Buchhandlung und einen kleinen Verlag gegründet hatte und dessen Hausgenosse Chamisso zeitweise war, blieb ihm ein »wahrer Freund... in diesen schmählichen Zeiten, wo in den Wein, die Tinte, das Blut und sonst alles Gute so viel Wasser mit unterläuft«.

Wenige Jahre vor seinem Tod meinte er rückblickend: »Irr an mir selber, ohne Stand und Geschäft, gebeugt, zerknickt verbrachte ich in Berlin die düstere Zeit.« Am zerstörendsten habe damals ein Mann auf ihn gewirkt, »einer der ersten Geister... dem ich in frommer Verehrung anhing, der mich empor zu richten, nur eines Wortes, nur eines Winkes bedurft hätte, und der, mir jetzt noch unbegreiflich, sich angelegen sein ließ, mich niederzutreten.« Vermutlich handelte es sich dabei um den protestantischen Theologen Friedrich Daniel Ernst Schleiermacher, den Chamisso einigen Briefstellen zufolge noch als Leutnant kennengelernt hatte und dessen Predigten in der Berliner Trinitatiskirche voll von nationalem Sendungsbewußtsein waren, das schließlich in der Behauptung gipfelte: »Gott will es.«

Chamisso gab Privatunterricht, lernte ohne rechten Plan Latein, Spanisch und Italienisch, ließ sich ansonsten aber ziellos treiben. »Ich träges Tier stecke bis an die Kehle in einem Wust von zu schreibenden Briefen«, berichtete er, »aus dem ich keinen andern Ausweg ersehe, als mich schleunigst zu Bette zu legen und die Decke über die Ohren zu ziehen.«

Nichts hielt ihn länger in Berlin, als er von seinen Angehörigen nach Frankreich zurückgerufen wurde. Er sollte eine durch einen alten Freund der Familie vermittelte Stelle als Griechischlehrer an einem Lyzeum in Napoléonville annehmen: einer Stadt in der Bretagne, die ursprünglich Pontivy hieß.

Im Januar 1810 machte Chamisso sich über Hamburg, Osnabrück, Düsseldorf, Aachen, Lüttich und Brüssel auf den Weg. Am 8. Februar in Paris angekommen, erfuhr er, daß die ihm angebotene Stellung als »professeur supplémentaire« inzwischen aufgehoben, eine andere nicht verfügbar sei.

Chamissos Enttäuschung darüber hielt sich aber offenbar in Grenzen. »Meine Ansprüche geltend zu machen und meine Anstellung in dieser Karriere ernstlich zu betreiben, hat mich vieles abgehalten. Mitglied der Universität und Professor klingt gut. Jeder Schuft, der Stunden gibt, heißt aber hier ebenfalls Professor ... im Lehramte ist des Geldes wenig, der Ehre nicht viel mehr zu holen.« Hinzu kam seine Unsicherheit, ob seine früheren Studien des Griechischen überhaupt zu einer Lehrtätigkeit ausreichten. Außerdem ahnte er, daß ihm eine Beamtenlaufbahn in dem von Napoleon bis in alle Lebensbereiche hinein bestimmten Land wohl kaum zusagen würde. »Ihm muß alles dienen; er hat überall seine Fäden gesponnen, und das große, fromm gewordene Trampeltier, das nicht mehr weiß, wie es einmal dazu gekommen ist, hat mehr Zügel am Kopfe als Muskeln, sich zu bewegen.«

Auf Vermittlung seines ehemaligen Lehrers am Französischen Gymnasium in Berlin, Jean-Pierre Erman, bekam Chamisso Kontakt zur deutschen Kolonie von Paris, wo zu dieser Zeit auch August Wilhelm Schlegel und Alexander von Humboldt lebten. Nirgends sei er klotziger deutsch gewesen als eben in Paris, meinte Chamisso später.

Hier traf er seine alten Freunde wieder: Ferdinand Koreff, inzwischen ein vornehmer deutscher Modearzt, dessen »magnetische Kuren« in allen Pariser Salons gerühmt wurden (auch wenn ihr Erfolg zu einem Großteil vom guten Glauben der Patientinnen abhing); Karl August Varnhagen von Ense, nun Doktor der Medizin und österreichischer Leutnant. Er lernte den Romanisten Immanuel Bekker und den Dichter Ludwig Uhland kennen, beide in der Bibliothèque Nationale damit beschäftigt, französische Literaturschätze zu durchstöbern.

Chamisso selbst war von der 1808 vollständig erschienenen deutschen Liedersammlung Clemens Brentanos und Achim von Arnims »Des Knaben Wunderhorn« so nachhaltig beeindruckt, daß er nun seinerseits versuchte, dem damals noch nahezu unbekannten französischen Volkslied nachzuspüren – angesichts der Vorliebe der Pariser für eher etwas schlüpfrige Chansons allerdings mit wenig Erfolg.

Der Einfluß des schwäbischen Dichters Uhland auf Chamissos lyrisches Werk ist nicht zu unterschätzen. Während viele vortreffliche Gedichte schrieben, wie jeder sie mache und keiner lese, schreibe Uhland Gedichte »wie keiner sie macht und jeder sie liest«, urteilt Chamisso. Folgenreich war auch die Begegnung mit Alexander von Humboldt. Die Bekanntschaft hatte Erman durch ein Schreiben vermittelt.

Alexander von Humboldt (1796–1859), Naturforscher und Weltreisender. Chamisso lernte ihn in Paris vor der eigenen Reise um die Welt kennen

Der Naturforscher und Geograph war in den Jahren 1799 bis 1804 mit dem französischen Botaniker Aimé J. A. Bonpland in den Gebieten der heutigen Staaten Venezuela, Kuba, Kolumbien, Ecuador, Peru und Mexiko gewesen und über Kuba und die USA nach Europa zurückgekehrt. Bis 1827 hielt er sich vorwiegend in Paris auf und wertete seine Forschungsergebnisse in einem sechsunddreißigbändigen Werk »Voyage aux régions équinoxiales du nouveau continent« aus.

»Er arbeitet unermüdet emsig an der Herausgabe seiner Werke«, berichtete Chamisso kurz nach seiner Ankunft in der französischen Hauptstadt. »...an vielen andern Dingen noch, und bereitet sich endlich zu einem neuen noch bevorstehenden Ausflug. Bei all dem muß er viele Menschen sehen und sogar bei Hofe gehn. Solche Tätigkeit, Schnelligkeit und Festigkeit ist noch nie gesehen worden; er bewohnt drei verschiedene Häuser und bringt die Nacht auf dem Observatorium zu.«

Der Stern des früher von Chamisso und den übrigen Mitgliedern des Berliner Nordsternbundes so verehrten August Wilhelm Schlegel schien dagegen allmählich zu verblassen. Er denke nicht ohne Lachen, doch auch mit Wehmut an die Zeit zurück, schrieb Chamisso später an Wilhelm Neumann, »da wir so unschuldig, verblüfft und schwärmerisch fromm erzittert waren bis ins tiefste wonneströmende Herz, wenn nur des Meisters Schatten, vom

Monde im ersten Viertel geworfen, über unsereinen gestreift wäre. Nun schneidet mir der Mann... meine Feder, damit ich an Dich schreibe, wir arbeiten zusammen, und am Ende, trotz seiner Zahmheit, seiner Feinheit, seiner ausgezeichneten Artigkeit, bin ich der, der am andern am meisten auszusetzen hat.«

Bei der von Chamisso erwähnten Arbeit handelte es sich um die Übersetzung von Schlegels Vorlesungen über dramatische Kunst und Literatur ins Französische, die ihn in der folgenden Zeit hauptsächlich beschäftigen sollte und die ihn wieder mit Helmina von Chézy, der alten Freundin aus der Pagenzeit, zusammenbrachte. Hieß es anfangs in Chamissos Briefen noch lapidar, er weile nun oft auf dem Land, in Montmorency bei Paris, um gemeinsam mit Helmina an der Übersetzung zu feilen, so gestand er im Juni 1810 de la Foye: »Helmina... ich habe zu spät mein Verhältnis zu ihr anders bestimmen wollen... Sie ist mein, und ich ihr, und Gott weiß, was daraus wird!«

Helmina von Chézy, unter anderem die Verfasserin des Librettos für Carl Maria von Webers Oper »Euryanthe«, hatte bereits als Vierzehnjährige einen Roman verfaßt, 1799 Chamissos Berliner Garnisonskameraden Baron von Hastfer geheiratet, sich bald darauf aber wieder von ihm scheiden lassen. Seit 1801 hielt sie sich in Paris auf und war journalistisch und literarisch tätig. Später, als sie nach Deutschland zurückkehrte, war sie auch sozialpolitisch aktiv. Während des Befreiungskrieges kümmerte sie sich um die Pflege der Verwundeten. 1805 hatte sie den Orientalisten Antoine-Léonard von Chézy geheiratet und ihm zwei Söhne geboren. Fünf Jahre danach, als Chamisso sie in Frankreich traf, lebte sie von ihm getrennt. »Ihr ganzes Leben, das sie mehr aus Begeisterung als nach klugem Plane gelebt, ist eine lange Kette von Mißgeschicken, die sie jedoch mit Mut ertragen. Sie ist gut, rein, ganz Liebe, unbegreiflich wie jedes Weib. Sie hat zwei Kinder und eigentlich keinen Mann mehr.«

Das Verhältnis der beiden war nur von kurzer Dauer und soll schon bald von »allerhand Irrungen« beeinträchtigt worden sein. Im Herbst ging sie nach Deutschland zurück und ließ Chamisso darüber im unklaren, ob sie in anderen Umständen sei. Ein Jahr später schrieb sie ihm: »Über mich ist seither viel Wohl und Weh gehäuft worden, das Weh so bedeutend, daß das Wohl dagegen wie Spreu in die Luft fliegt, frage mich weiter nicht.«

Man blieb zumindest in brieflichem Kontakt, doch als Chamisso sich nach

Die Schriftstellerin Helmina von Chézy. Chamisso kannte sie bereits von seiner Berliner Pagenzeit her. In Frankreich übersetzte er mit ihr Schlegels Vorlesungen ins Französische

seiner Weltreise verlobte, vergaß er offenbar, sie von diesem Ereignis zu unterrichten. Darauf sandte Helmina ihm einen Gratulationsbrief, den er umgehend beantwortete, ihr Segen und Freude wünschend und als innig Dich liebender Bruder unterzeichnend, während er sonst nur wenig freundliche Worte für sie fand.

Über August Wilhelm Schlegel, der sich nicht nur als vergleichender Literaturwissenschaftler, sondern auch als Übersetzer der Werke Calderóns, Petrarcas und Shakespeares einen Namen gemacht hat, wurde Chamisso in den Kreis um die schon damals berühmte französische Schriftstellerin Madame

August Wilhelm Schlegel (1767–1845). Gemeinsam mit den Freunden besuchte Chamisso 1803 Schlegels Berliner Vorlesungen und beschäftigte sich mit der romantischen Ästhetik. Schlegel war Berater der Madame de Staël

Anne Louise Germaine de Staël-Holstein (1766–1817). Im Kreis der Schriftstellerin verbrachte Chamisso fast zwei Jahre, bis Napoleon ihr Buch »Über Deutschland« beschlagnahmen und sie aus Frankreich ausweisen ließ

de Staël aufgenommen. Schlegel hatte sie während ihrer ersten Deutschlandreise 1804 in Berlin kennengelernt und begleitete sie – unglücklich in sie verliebt – seitdem als Berater und Hauslehrer ihrer Kinder.

Germaine de Staël-Holstein, die Tochter des Schweizer Bankiers und ersten bürgerlichen Finanzministers unter Ludwig XVI., Jacques Necker, war von Napoleon per Dekret verboten worden, sich Paris auf weniger als vierzig Meilen zu nähern. Als Chamisso in ihren Kreis kam, war sie im Begriff, einen langgehegten Plan zu verwirklichen und nach Amerika zu gehen. Versehen mit den nötigen Pässen für die Durchreise durch Frankreich hatte sie Anfang Mai 1810 ihr Domizil in Coppet am Genfer See verlassen und wollte vor der Einschiffung noch einige Monate auf Schloß Chaumont an der Loire verbringen, sich dort mit Freunden treffen, letzte Korrekturfahnen lesen und den Druck ihres Buches »De l'Allemagne« (›Über Deutschland‹) überwachen.

Ende Juli wurde Chamisso nach Chaumont eingeladen. Er sollte dort zusammen mit Schlegel an der Übersetzung von dessen Vorlesung weiterarbeiten, die er mit Helmina von Chézy begonnen hatte. Ursprünglich hatte er nur an einen kurzen Aufenthalt gedacht, schließlich wurden es jedoch annähernd zwei Jahre, die er im Bann der auf vielfältige Weise faszinierenden Madame de Staël blieb. »Chaumont, auf dem mittäglichen linken Ufer der Loire, liegt wunderherrlich auf einer Höhe«, schrieb er an Wilhelm Neumann, »man hat über die Esplanade des innern Hofes, wie von den Zinnen der alten, schönen, festen, gotischen Türme, die göttlichste Aussicht über den breiten, schönen, gradfließenden Strom und über die Landstraße fern am andern Ufer in eine reiche, grüne, unabsehbare Ebene, mit Weinbergen, Ansiedeleien, Saaten und Wäldern reich erfüllt. Mein Fenster, an welchem ich schreibe, sieht nun aus dem Hintergebäude über den Hof, zwischen der Burgkapelle und dem anderen Flügel, diese schöne Landschaft in würdiger Einfassung. – In dieser alten Burg hausen denn nun die vornehmen Geister alle, der kluge, zierliche, kühle, schwerfällige Schlegel; die dicke, feurige Staël, leichter, froher anmutiger Bewegung; der milde, fromme Mathieu de Montmorenci; die schöne, angenehme Récamier; ... eine kugelrunde, harte, kalte Engländerin; ... und ich, nach Zauberers Sitte, räuchre denn diese Geisterschar nach Herzenslust ein, worüber sie die seltsamsten Gesichter schneiden.«

Tagsüber wurde diszipliniert gearbeitet, und man sah sich nur während der Mahlzeiten. Abends traf man sich dann unter strikter Einhaltung gesellschaftlicher Gepflogenheiten zu Gesprächen im Salon oder zur sogenannten »petite poste«, einem stummen Gedankenaustausch, bei dem man sich auf kleinen gefalteten Papierstreifen Fragen und Antworten über den Tisch reichte. Nur Schlegel mochte sich daran nicht beteiligen und blieb auf seinem Zimmer. Er war rasend eifersüchtig und wurde aufgrund seines gebieterischen, manchmal bedrohlich wirkenden Auftretens von den anderen eher zurückhaltend hochachtungsvoll als herzlich aufgenommen.

»Die Staël gefiele mir am Ende noch am besten«, stellte Chamisso bald fest. »Sie hat mehr Lebensgefühl... mehr Lieb' im Leibe.« Obwohl er fremd in dieser Gesellschaft war, habe sie ihn aufgesucht, zu ihm Zutrauen gefaßt und ihm einiges davon gesagt, was ihr Herz bewegte. Überhaupt sei sie jemand, der die Gedanken mit der Seele anfasse, sie verfüge über den Ernst der Deutschen, die Glut des Südens und die Form der Franzosen: »Sie lebte in der Region, wo sich die politischen Gewitter bildeten, die über die Erde entschieden. Sie muß wenigstens das Geräusch der Karossen der Hauptstadt hören – sie verschmachtet in der Verbannung.«

Eher amüsiert äußerte Chamisso sich darüber, wie die sehr auf elegante Umgangsformen bedachte Madame de Staël versuchte, ihn mit den in ihrem Kreis üblichen Verhaltensregeln vertraut zu machen. Er wisse nun also, daß man vor Damen nicht fluchen dürfe – und tue es doch –, er wisse, daß man im Überrock frühstücken und in welchem Gewand man abends zu dinieren habe; er wisse auch, daß man ganz schreckliche Dinge nicht nennen und manche Ausdrücke besser gänzlich vermeiden solle.

Ende August, zwischenzeitlich war man in das nahe gelegene Schloß Fossé bei Blois umgezogen, schrieb er an Varnhagen, er zähle die Staël nun zu seinen Freundinnen. Sie wisse viel von seinem Leben, er viel von dem ihrigen, und er schätze sie. Dennoch konnte und mochte er sich an die in ihrem Umkreis herrschende Atmosphäre nicht gewöhnen: »Ich passe aber in diese Welt gar nicht, ich habe mit ihnen nichts.« Besonders erbitterte ihn der Widerstand gegen sein Rauchen, und er äußerte sich wenig charmant über die »stachelschweinförmige britannische Feindin«, die das Zimmer neben seinem bewohnte, »von wo aus sie das Feuer meiner Batterien zum Schweigen gebracht« hat. Sie machte er auch dafür verantwortlich, selbst bei Regenwetter dazu verurteilt zu sein, »von dem Abtritt aus (ein wahrer Lustort, im Vorbeigehen zu bemerken) meinen Qualm in die gelehrte Welt zu blasen«.

Hinzu kam, daß ihm die Übersetzung der Schlegelschen Vorlesung immer mehr zur Last wurde. Es sei eine endlose Arbeit, noch zusätzlich dadurch erschwert, daß man das Bücherschreiben hier nicht gerade auf die leichte Schulter nehme: Die Staël korrigiere zwei Abschriften und drei Korrekturen selbst durch und schreibe ganze Passagen völlig neu.

Was er jedoch machen, was aus ihm werden sollte, wenn diese Übersetzung doch einmal beendet war, wagte er nicht einmal zu vermuten. Umgeben vom Reichtum der Madame de Staël, die über ein jährliches Einkommen von hundertzwanzigtausend Franc verfügt haben soll, besaß Chamisso nur das spärliche Erbe seiner Eltern. Statt im Eilpostwagen zu sitzen, bleibe er eben auf seiner Stube, meinte er.

Seine Stimmung verfinsterte sich zusehends. Als es eines Tages bei der »petite poste« um die Frage nach dem Vaterland ging, gab er seiner Verzweiflung unmißverständlich Ausdruck: »Ich bin ein Franzose in Deutschland und Deutscher in Frankreich, Katholik bei den Protestanten, Protestant bei den Katholiken, Jakobiner bei den Aristokraten und bei den Demokraten ein Adliger...Ich bin nirgends am Platz, ich bin überall fremd.« Vermutlich war es mehr als nur eine Phrase, wenn er mit den bitterklingenden Worten schloß: »...erlauben Sie mir, daß ich, das Gesicht voran, mich in die Loire stürze.«

Madame de Staël nahm seinen Papierstreifen, las den Text und notierte nach kurzem Überlegen ihre Antwort: »Warten Sie noch einen Monat.«

Ende September des Jahres 1810 erschien auf Anordnung des französischen Polizeiministers der Präfekt Corbigny auf Schloß Fossé und befahl Madame de Staël, ihm alle Manuskripte und Korrekturbogen von »De l'Allemagne« auszuhändigen und binnen kurzer Frist das Land zu verlassen. Sie habe sich entweder in einem von vier ihr genannten Häfen nach den Vereinigten Staaten einzuschiffen oder in die Schweiz zurückzukehren.

Sie überreichte ihm einen unvollständigen Satz Korrekturabzüge und ein lückenhaftes Manuskript, schickte ihre Söhne nach Paris, sich für ihre Sache einzusetzen, und machte sich am sechsten Oktober auf den Weg nach Coppet am Genfer See. Fünf Tage danach drangen Gendarmen in die Druckerei ihres Verlegers ein, zerstörten die Druckplatten und ließen die bereits vorhandenen Exemplare beschlagnahmen und bald darauf einstampfen.

»Was nicht für ist, ist gegen«, kommentierte Chamisso diesen Willkürakt Napoleons. Seine Bewunderung des Feldherrn Napoleon war längst einer kritischen Betrachtung gewichen. »O hättest Freiheit du geschafft nach deiner Macht, / Noch ständen deine Bilder aufrecht, unentweiht...« schrieb er später in dem dramatischen Versuch *Der Tod Napoleons.*

Nach der Ausweisung der Madame de Staël löste sich auch der um sie auf Schloß Fossé versammelte Kreis auf. Schlegel ging nach Wien, Chamisso auf Empfehlung der »hohen Herrin« zu dem Präfekten Prosper de Barante nach Napoléon-Vendée in Südwestfrankreich. Barante hatte eine Geschichte der französischen Literatur des achtzehnten Jahrhunderts verfaßt und übersetzte später Schillersche Dramen. Der Präfekt begehre danach, »in deutsche Ideen und Sprache, die ihm nicht fremd sind, mehr und mehr eingeweiht zu werden«, schrieb Chamisso an Varnhagen. Deshalb habe ihn die Staël dorthin geschickt.

Zwischen den beiden entwickelte sich bald ein freundschaftliches Verhältnis. Der Präfekt gewährte Chamisso völlige Unabhängigkeit und genügend Zeit für sich selbst. In der Abgeschiedenheit des kleinen Provinznestes, das ihm wie eine Einsiedelei in der Wüste vorkam, beschäftigte Chamisso sich nun an langen Winterabenden mit altfranzösischen Dichtern des elften und fünfzehnten Jahrhunderts und las handschriftliche Aufzeichnungen über die Kämpfe der Vendéer Bauern gegen die Heere der Republik. Besonders faszinierten ihn die Abenteuer des Riesen Gargantua und seines Sohnes Pantagruel von François Rabelais. Ein Grund dafür ist sicher, daß der Stoff aus einem Volksbuch stammt. Mit *Faust* und *Fortunati* hatte Chamisso selbst zweimal auf Volksbücher zurückgegriffen. Vermutlich reizten ihn aber auch die satirische und drastische Darstellungsart und die kaum verhüllte Zeitkritik, die Rabelais veranlaßt hatte, das von 1532 an erschienene fünfteilige Werk unter Pseudonym herauszugeben.

Daneben arbeitete Chamisso immer noch an der Übersetzung der Schlegelschen Vorlesungen, ein literarischer Handlangerdienst, der ihm längst zur Qual geworden war; um so mehr, als ihm angesichts des Schicksals von de Staëls »De l'Allemagne« längst klar sein mußte, daß dieses Buch niemals in Frankreich würde erscheinen dürfen. Bald darauf gab er das Unternehmen dann auch resigniert auf und teilte Hitzig mit, Schlegel habe nun eine andere Übersetzung seiner Vorlesungen in Auftrag gegeben.

Chamissos Brüder bemühten sich weiterhin, ihn zu einem standesgemäßen Leben in Frankreich zu überreden, sei es durch erneute Angebote vielversprechender Heiratsvermittlungen oder durch eine Anstellung an den Pariser Archives Impérials, die dann aber doch nicht zustande kam.

Auch aus Napoléonville meldete man sich ein zweites Mal bei ihm, um ihm eine Professorenstelle für Griechisch und Lateinisch anzubieten, doch er bekannte: »Erstlich habe ich mein Griechisch fast ganz vergessen und habe zweitens Lateinisch, Gott bessers, nie gewußt, was doch die Leute wohl können.« Wieder bedrückte ihn das Gefühl seiner Unzulänglichkeit, doch er hatte andererseits auch wenig Neigung, sich in »verhaßte Pflichten zu begeben«. Erneut stand er vor der Frage, ob er im Land seiner Geburt bleiben oder nach Deutschland zurückkehren solle: »Hier könnt' ich wohl eine Existenz gewinnen, aber ohne Glück; bei Euch keine Existenz, aber vielleicht Trost; Ärger findet sich überall.«

Schließlich entschied er sich – nicht für Deutschland, sondern für die dort lebenden Freunde, vor allem für Hitzig, den er überschwenglich verehrte und an dessen Haus seine Hütte zu bauen er als liebste Aussicht seiner alten Tage bezeichnete.

Im März 1811 reiste Chamisso über Paris nach Coppet am Genfer See zu Madame de Staël, die dort auf jenem Schloß wohnte, wohin sie einst mit ihrem Vater vor den Wirren der Revolution geflüchtet war. Bei seinem zweiten Aufenthalt im Zauberkreis dieser Frau wurde Chamisso weniger Aufmerksamkeit zuteil, als er sich gewünscht haben mag, denn das Herz von Germaine de Staël gehörte inzwischen dem Leutnant Jean de Rocca, mehr als zwanzig Jahre jünger als sie und an Tuberkulose leidend, den sie am ersten Mai heimlich heiratete.

Im September verabschiedete Chamisso sich mit einem französisch geschriebenen Gedicht von ihr, brachte es dann aber doch nicht über sich, die von Napoleons Schergen bespitzelte und schikanierte Frau im Stich zu lassen. »Sie jetzt zu verlassen, nicht auszudauern, bis ihr Schicksal sich auflöst, ist wirklich schwer. Denn sie ist sehr unglücklich, den sie liebt, den trifft der Fluch. Ihre ganze Freundschaft ist verscheucht, und wer eine Zeit ihr Glück geteilt, kann sich nicht so einfach von ihr abwenden, wenn sie bedürftig ist und befreundeter gebildeter Umgang, ihr eigentliches Lebenselement, ihr sonst wie die freie Luft mißgönnt wird. Sie achtet und schätzt meinen Charakter; das erste Mal, daß ich bei ihr war, empfand sie wohl einen großen Reiz zu mir, dieses Mal fand ich sie in einem Verhältnis befangen, das sie ganz von mir entfernte, und ich selber trat stolz und fremd zurück, so waren wir sehr kalt gegen einander.«

Er setze sich gegen sie wie gegen eine Übermacht zur Wehr, doch jedesmal, wenn er seine Siebenmeilenstiefel anziehen wolle, halte ihn »die Herrin mit Kunst und Natur fest«.

Man habe ihn streng gerügt, bekannte Chamisso in einem Brief an de la Foye, daß er nicht arbeite. Dabei war er keineswegs untätig, wenngleich ihm genügend Zeit blieb, »im blauen tiefen See« schwimmen zu lernen. »Ich habe hin und her leichte Dinge deutsch, französisch, italienisch, spanisch gelesen und damit gut.« Zudem lernte er noch Englisch, um die Dramen Shakespeares im Original lesen zu können.

Er übersetzte eine Komödie von Charles Guillaume Etienne, »Les deux gendres«, die mit Blick auf den *Schlemihl* von Bedeutung ist, weil darin die Macht des Geldes eine wichtige Rolle spielt. Das Stück war damals in Frankreich gerade in vieler Munde, nachdem man entdeckte, daß sich der Autor auf ein bereits um 1700 erschienenes Drama eines ungenannten Jesuiten gestützt hatte. »Etienne fährt den Weg zur Unsterblichkeit hinan und mit einem Jesuiten vor seinem Wagen gespannt«, kommentierte Chamisso den daraus resultierenden Plagiatsskandal. Dennoch von dem Buch begeistert, erntete Chamisso bei den Freunden kaum eine positive Resonanz auf seine Übersetzung. Eine Abschrift davon schickte er an Helmina von Chézy, in der Hoffnung, sie werde das Stück in Aschaffenburg auf die Bühne bringen, eine weitere an Hitzig, der sich jedoch ebensowenig dafür einzusetzen vermochte.

In Coppet lernte er den Schweizer Historiker und späteren Sozialreformer Simonde de Sismondi kennen, der dort Vorträge über die Literatur der Völker des südlichen Europas hielt und Chamissos bislang vor allem von Schlegel geprägtes Kunstverständnis nachhaltig beeinflußte.

Hier in Coppet am Genfer See vollzog sich auch – leise und völlig undramatisch – die wohl entscheidende Wendung in Chamissos Entwicklung. Hatte er vor zwei Jahren an Rosa Maria Assing geschrieben, er sehe keine Einheit in seinem Leben, fasse keinen Plan, unternehme nichts, sondern warte nur immer darauf, daß etwas geschehe, so teilte er ihr am 19. Mai 1812 mit: »Ich leistete also Verzicht auf alle Karriere, die ich mir wohl in Frankreich bei darauf angestrengt gerichtetem Willen hätte eröffnen können, und beschloß, als ein frischer und eifriger Student auf die Universität nach Berlin zu gehen und da unter kräftigem Studium, unter Anleitung meiner Freunde und mit ihrem Rate weiter auf Wege und Mittel zu denken, meinem vorgestreckten Ziele näherzukommen... mir eine unabhängige, selbständige, bescheidene stille Existenz zu verschaffen, die mir zugleich die Möglichkeit zusichere, mich vielleicht einst nach meinem Herzen anzusiedeln und eine Familie zu bilden.«

Sein Entschluß, an der 1810 gegründeten Berliner Universität zu studieren, deren erster Rektor Johann Gottlieb Fichte war, hätte allein wohl kaum genügt, sich gleichsam am eigenen Schopf aus der lange Zeit sein Leben bestimmenden fatalen Trägheit zu befreien. Sein Antrag auf Entlassung aus dem Militärdienst war ein erster Schritt gewesen, doch er wußte danach wenig mit

Das Universitätsgebäude in Berlin Unter den Linden um 1825. Aquarell von F. A. Calau

der neu gewonnenen Freiheit anzufangen, vermochte seinem Leben keine Richtung zu geben.

Entscheidend war ein Brief seines Freundes de la Foye, der ihm nach Coppet schrieb, am Genfer See lerne man doch nicht Englisch, dort treibe man Botanik. Tatsächlich begann er nun sich mit der Pflanzenwelt vertraut zu machen. Mit dem Studium der Natur, bekennt er im *Tagebuch*, »trat ich jetzt erst handelnd und bestimmend in meine Geschichte ein und zeichnete ihr die Richtung vor, die sie fortan unverwandt verfolgt hat«.

8 Student in Berlin

Preußischer Franzose oder französischer Preuße? »Nein! Die Zeit hat kein Schwert für mich« – die Befreiungskriege. Botanische Studien und ein literarischer Welterfolg: *Peter Schlemihls wundersame Geschichte*

Anmutige Bilder verwoben sich mir im luftigen Tanze zu einem gefälligen Traum. Mina, einen Blumenkranz in den Haaren, schwebte an mir vorbei und lächelte mich freundlich an. Auch der ehrliche Bendel war mit Blumen bekränzt und eilte mit freundlichem Gruß vorüber. Viele sah ich noch, und wie mich dünkt, auch dich, Chamisso, im fernen Gewühl; ein helles Licht schien, es hatte aber keiner einen Schatten, und was seltsamer ist, es sah nicht übel aus – Blumen und Lieder, Liebe und Freude, unter Palmenhainen. –– Ich konnte die beweglichen, leicht verwehten, lieblichen Gestalten weder festhalten noch deuten; aber ich weiß, daß ich gerne solchen Traum träumte und mich vor dem Erwachen in acht nahm; ich wachte wirklich schon und hielt noch die Augen zu, um die weichenden Erscheinungen länger vor meiner Seele zu behalten.

Peter Schlemihls wundersame Geschichte

Am 24. Mai 1812 schrieb Chamisso vom Genfer See aus an Hitzig, er sei nun ganz sein eigener Herr und habe im Frühjahr angefangen, Botanik zu treiben. Dieses Land sei gleichsam der botanische Garten Europas. Sobald der Schnee völlig geschmolzen war, wollte er eine Alpenwanderung unternehmen und dann von Schaffhausen oder Basel aus nach Berlin reisen.

Tags zuvor war Madame de Staël, die im selben Monat Roccas Sohn zur Welt gebracht und einer Kinderpflegerin zur Betreuung übergeben hatte, nach Wien geflohen. Von dort aus reiste sie weiter über Kiew, Moskau und St. Petersburg nach Schweden und schiffte sich acht Monate später nach England ein. August Wilhelm Schlegel begleitete sie bis Stockholm. Einen Fahnenabzug der 1810 beschlagnahmten Ausgabe von »De l'Allemagne« hatte er zu seinem Bruder in Sicherheit gebracht und dadurch einen Vorabdruck in dessen »Deutsches Museum« ermöglicht. An der 1813 erfolgten Londoner Exiledition des Buches war er jedoch ebenso wenig beteiligt wie an der ein Jahr danach in Hitzigs Verlag veröffentlichten deutschen Übersetzung.

Nur wenige Tage nach de Staëls Flucht, am 22. Juni 1812, führte der Kaiser der Franzosen die Große Armee über Polen nach Rußland: mehr als siebenhunderttausend Mann, etwa zu zwei Dritteln Deutsche, Italiener und Polen, von denen nur rund einhunderttausend wieder zurückkehren sollten. Weitere hunderttausend gerieten in Gefangenschaft, die anderen wurden ein Opfer der blutigen Gefechte, des Hungers und der Krankheiten, oder sie starben einen langen und qualvollen Tod in der eisigen Kälte des russischen Winters.

Chamisso blieb noch bis zum Sommer 1812 in Coppet. Er hatte sich mit de Staëls Sohn August angefreundet und unternahm ausgedehnte botanische Exkursionen in den Jura und in die savoyischen Voralpen. Er kenne schon ein paar hundert Blumen, berichtete er stolz de la Foye. An Rosa Maria schrieb er: »...denken Sie mich, da Sie diese Zeilen lesen, die Kapsel auf dem

Rücken, das Buch in der Tasche, den Stab in der Hand, allein auf Felsengesimsen, zwischen Wolken, Gletschern, Bergströmen und Abgründen, in einer Höhe von 7200 Fuß.«

Am elften August begann er seine Wanderung durch die Alpen, ein Pflanzenbestimmungsbuch, eine Botanisiertrommel, eine Pflanzenpresse und eine Landkarte im Gepäck. Der Weg führte ihn um das Montblanc-Massiv herum durch das Berner Oberland und über den Gotthard nach Deutschland. Unterwegs schrieb er an Hitzig, sein »Herbario« sei nun schon an die tausend Gattungen stark. In seinen *Ansichten von der Pflanzenkunde und dem Pflanzenreiche,* auf Veranlassung des Preußischen Unterrichtsministeriums verfaßt und 1827 erschienen, bezeichnet er das Herbarium als des Botanikers lebendiges Gedächtnis. Darin liege dem Forscher jederzeit die Natur zur Ansicht, zur Vergleichung und zur Untersuchung vor. »Von jeder Pflanze, die er erhalten kann, werden möglichst vollständige Exemplare in das Herbarium eingelegt. Blume und Frucht sind zur Vollständigkeit unerläßlich, alle Zustände der Pflanze, von dem Entfalten der ersten Samenblätter an, wünschenswert. ... Auf einer Lage trocknen Löschpapiers wird eine Pflanze in ihre natürliche Lage flach ausgebreitet und darauf geachtet, daß Blume und Frucht, von keinem Blatte bedeckt, am günstigsten erscheinen; darüber wird eine andere Lage Löschpapier gedeckt, auf diese kommt eine andere Pflanze und so fort. Auf einen Stoß eingelegter Pflanzen wird ein Brettchen gelegt und mit etlichen Steinen beschwert.«

Im September 1812 kam Chamisso in Berlin an. Am 17. Oktober ließ er sich als Student der Medizin einschreiben. »Ich habe verständig gewählt und ausgeführt und bin einmal, was ich heiße, und heiße, was ich bin – das ist studiosus medicinae der Universität Berlin.«

Zusammen mit Wilhelm Neumann wohnte er bei Hitzig, und während Varnhagen sich inzwischen »in der vornehmen Welt« bewegte, lebte er selbst in seiner »Tabaks-Brennerei und auf dem theatrum anatomicum«. In seinem zweiunddreißigsten Lebensjahre sei er nun also ein Abc-Schütze, der sich freue, es so weit gebracht zu haben, endlich buchstabieren zu lernen.

Chamisso belegte Vorlesungen in Anatomie, Botanik und Zoologie. Er wollte sich einen Überblick über alle Naturwissenschaften verschaffen, um in einigen Jahren in der Lage zu sein, an einer Forschungsreise teilzunehmen. In der Begeisterung über den neu eingeschlagenen Lebensweg hielt er nun seine früheren poetischen Versuche für unnütz. Schon habe er vergessen, je ein Sonett geschrieben zu haben. Er lasse die Vergangenheit hinter sich und studiere, als wäre er noch ein Knabe: »Tauge ich überhaupt zu irgend etwas, so ist es für die Naturwissenschaften, auf dem Wege der Erfahrung.«

Gemeinsam mit dem Botaniker Carl Sigismund Kunth, der bald darauf die Reiseherbarien Alexander von Humboldts und Aimé J. A. Bonplands bearbeitete und später Professor an der Berliner Universität wurde, und seinem Studienfreund Dietrich F. L. von Schlechtendahl, später sein Kollege am Botanischen Garten und Herbarium zu Berlin, unternahm Chamisso ausgedehnte Exkursionen in die Umgebung Berlins zur Erforschung der märkischen Flora. Er selbst ging immer voraus, ausdauernd und kräftig, im eigenwilligen Aufzug mit der unvermeidlichen Pfeife im Mund, den Tabaksbeutel irgendwo angehängt und einigen Lebensmitteln in den Seitentaschen der Jacke.

»Ich bin wirklich durch das, was ich getan, mit meiner innern Natur in bessere Eintracht gekommen«, schrieb er im November 1812 an Rosa Maria.

Im darauffolgenden Frühjahr überstürzten sich in Preußen die Ereignisse. Napoleons Niederlage in Rußland war hier wie in den anderen besetzten Ländern das Signal, sich zusammenzuschließen und die Fremdherrschaft zu beenden. Der preußische König, der noch immer eine Politik des Abwartens und Hinhaltens betrieb, wurde jetzt vor vollendete Tatsachen gestellt.

Schon am 30. Dezember 1812 hatte General Yorck von Wartenburg, ohne Befehl des Königs Friedrich Wilhelm III., in einer Mühle bei Tauroggen eine Vereinbarung mit einem russischen General geschlossen. Freiherr vom Stein, den Friedrich Wilhelm III. auf Drängen Napoleons entlassen hatte und der in Rußland Berater des Zaren gewesen war, kehrte nach Preußen zurück. Zusammen mit Yorck und anderen Politikern und Militärs verkündete er die Bildung von Landwehr und Landsturm in der Provinz Ostpreußen und berief die ostpreußischen Landstände ein. Preußen erhob sich zum Krieg gegen die Franzosen. Die während der Kontinentalsperre geschlossenen Häfen wurden wieder geöffnet: Der Handel Preußens konnte erneut aufblühen. Bei aller nationalen Hochstimmung waren die Beweggründe für die Erhebung gegen Frankreich keineswegs nur ideeller Natur – es gab auch handfeste wirtschaftliche Interessen.

Ende Februar unterzeichneten Rußland und Preußen im polnischen Kalisch ein Bündnis gegen Napoleon, und am 16. März, einen Tag nachdem der Zar in Breslau eingezogen war, erklärte Preußen Frankreich den Krieg. In der unmittelbar darauf veröffentlichten Proklamation des preußischen Königs »An mein Volk« heißt es, »von diesem letzten, entscheidenden Kampf hängt unsere Unabhängigkeit, unser Wohlstand, unsere Existenz ab. Es gibt keine anderen Alternativen als einen ehrenhaften Frieden oder ein heroisches Ende...« Der Krieg gegen die Franzosen wurde zur Volksbewegung.

Chamisso, dem nationales Pathos fremd war, müssen diese Worte seltsam berührt haben. Im *Tagebuch* schreibt er: »Die Weltereignisse vom Jahre 13, an denen ich nicht tätigen Anteil nehmen durfte – ich hatte ja kein Vaterland mehr, oder noch kein Vaterland –, zerrissen mich vielfältig, ohne mich von meiner Bahn abzulenken.« Offenbar hatte er anfangs noch geglaubt, von den bevorstehenden Auseinandersetzungen unberührt zu bleiben. »Brenne, massakriere, wer da Lust hat«, schrieb der Medizinstudent an de la Foye. »Vorderhand seziere ich die Toten und lasse es dabei bewenden.«

Als dann aber die französische Besatzung am vierten März Berlin räumte und wenig später der von der Bevölkerung umjubelte General Yorck in die Stadt einzog, die Universität geschlossen wurde und Professoren wie Studenten sich freiwillig meldeten (darunter auch Fichte), erwartete man von ihm, daß er sich ebenfalls den grünen Jägern der Lützowschen Freischar anschließen sollte. Doch statt mit den patriotisch bewegten Preußen in einen geradezu als »heilig« erklärten Befreiungskrieg zu ziehen, ging Chamisso im Mai auf Vermittlung eines ihm besonders freundlich gesinnten Universitätslehrers, des Zoologen Professor Martin Heinrich Carl Lichtenstein, auf das in Kunersdorf unweit von Berlin gelegene Landgut der Familie Itzenplitz-Friedland.

»Nun fand sich eben zu der Zeit, daß ein reicher Edelmann, der Lust an Botanik und sieben Meilen von hier im schönen Oderbruch Pflanzungen amerikanischer Bäume, einen botanischen Garten, ein Herbarium, eine Bibliothek und mehrere Millionen Güter besitzt, sich nach einem jungen Gelehrten umsah, der die Hand an dieses alles den Sommer über legte. Ich ward hinbefördert, angekündigt als ebenbürtiger Gast und Liebhaber der Botanik zu dem Herren von Itzenplitz. Ich widmete da in freundlicher Umgebung unter guten Leuten meinen Sommer ausschließlich der Botanik, und es ward mir so wohl, als mir immer nur sein konnte. Einige Klotzigkeiten des Reichtums, die mir nicht entgingen, wurden mir lächerlicher als drückend. Ich spielte meine Rolle als ebenbürtiger Gast durch und ließ sie ungeschickt in der ihrigen als Wirt sein.«

Varnhagen gegenüber rechtfertigte er seinen Rückzug aufs Land: »In einem Krieg gegen Frankreich darf ich, kann ich – der Kerl, der ich bin – nichts für mich holen wollen; aber in einem Kriege für Norddeutschland hätte ich wohl meine Knochen zu Markte tragen können, und ich war erbötig, es zu tun... ich helfe hier den Landsturm exerzieren, und kommt es zu einem Bauernkrieg, so kann ich mich wohl darein mischen... mit euch unterzugehen will ich nicht verneinen.« Tatsächlich schien der noch in Hameln auf beinahe selbstzerstörerische Weise Kampfesfreudige aber nur wenig gewillt zu sein, sich von der einmal als richtig erkannten Lebensbahn wieder abbringen zu lassen. Denn die Frage nach einem Vaterland war für ihn, der endlich zu sich selbst gefunden hatte, kaum noch von Bedeutung.

»In dieser rasenden Zeit« zog er sich lieber zurück und bekundete auch grundsätzliche Zweifel am Sinn des Krieges: »Lieber Freund, wüßt' ich nur recht klar, daß die Völker nicht den Zwist der Könige, sondern die Könige den Zwist der Völker führten!«

In Kunersdorf entstand Chamissos erste botanische Schrift, die 1815 veröffentlicht wurde. Hier, in der Abgeschiedenheit des Itzenplitzschen Landguts, schrieb er auch die phantastische Erzählung *Peter Schlemihls wundersame Geschichte,* durch die er literarischen Weltruhm erlangte. In elf Kapiteln erzählt vorgeblich Peter Schlemihl selbst seine eigene Geschichte: Nach einer langen Seefahrt an Land zurückgekehrt, sucht Schlemihl, mit einem Empfehlungsschreiben in der Tasche, den reichen Herrn John auf. Der empfängt ihn, und nachdem er das Schreiben gelesen hat, forderte er ihn auf, sich der Gesellschaft anzuschließen, die im Park versammelt ist. Dort begegnet Schlemihl einem grau gekleideten Mann, der über eine verblüffende Fähigkeit verfügt: Aus der winzigen Tasche seines Rockes kann er ziehen, was man von ihm verlangt: eine Brieftasche, ein Fernrohr, einen golddurchwirkten türkischen Teppich, ein prachtvolles Zelt mit allen dazu gehörenden Stangen, Schnüren und Eisenwerk; zuletzt zieht er gar drei Reitpferde aus der Tasche, »schöne, große Rappen mit Sattel und Zeug«.

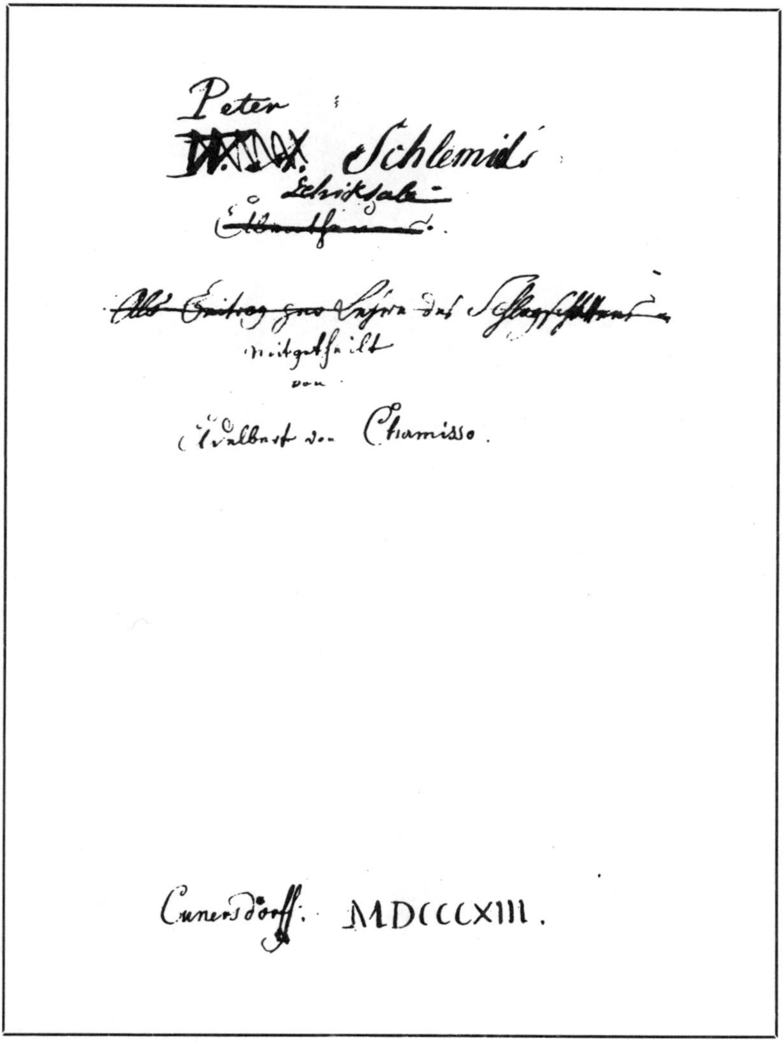

Peter Schlemiels Schicksale

mitgetheilt

von

Adelbert von Chamisso.

Cunersdorff. MDCCCXIII.

Titelblatt der Urschrift »Peter Schlemiels Schicksale« von 1813

Erstausgabe des Schlemihl Nürnberg 1814
Titelkupferstich von Leopold

Schlemihl wird unheimlich zumute, zumal sich niemand über den Mann zu wundern scheint und man ihn auf Schlemihls Frage hin gar nicht zu kennen vorgibt. Er eilt in die Stadt zurück und will sein Glück bei Herrn John lieber am nächsten Morgen versuchen. Der Mann im grauen Rock folgt ihm jedoch und versucht, ihn zu einem merkwürdigen Tauschgeschäft zu bewegen: Für Schlemihls Schatten will er ihm eine der Kostbarkeiten überlassen, die er in seiner Tasche mit sich führt: eine echte Springwurzel, die alle Türen öffnet und alle Schlösser sprengt; die Alraunwurzel, die ihren Besitzer befähigt, sich Schätze zu verschaffen; Wechselpfennige, die jeweils ein Goldstück hervorbringen, wenn man sie umdreht; einen Raubtaler, der stets zu seinem Herrn zurückkehrt und alle Geldstücke, die er berührt, mit sich bringt; das Tellertuch von Rolands Knappen, eine Art »Tischlein deck dich«; einen Flaschenteufel, der alles tut, was man von ihm fordert; oder aber ein stets mit Golddukaten gefülltes Glückssäckel. Wenn Schlemihl auf den Tausch einginge, würde der Graue nach einem Jahr wieder erscheinen. Bei aller Angst blendet Schlemihl die Aussicht auf Reichtum, und er wählt das Glückssäckel. Doch er muß erfahren, daß ihm all der ersehnte Reichtum ohne seinen Schatten nichts nützt. Er ist ein Ausgestoßener, der sich nicht in die Sonne wagen kann, ohne zum Gespött der Leute zu werden.

Einzig sein treuer Diener Bendel (so hieß auch Chamissos Bursche während der Leutnantszeit) hält zu ihm. Sein anderer Gehilfe, Rascal, verrät das Geheimnis den Eltern der schönen Mina, die Schlemihl bereits versprochen ist. Waren sie vorher von seinem Vermögen geblendet, so stellen sie Schlemihl nun eine Frist: Binnen drei Tagen soll er mit einem Schatten erscheinen, sonst wird Mina mit Rascal verheiratet.

Inzwischen ist das Jahr vergangen, und wie angekündigt, steht der Mann im grauen Rock wieder vor Schlemihl. Er ist bereit, den Schatten zurückzugeben, wenn Schlemihl unterschreibt, daß er dem Grauen dafür seine Seele vermacht. Dreimal versucht der graugewandete Mann, Schlemihl zur Unterschrift zu bewegen. Beim drittenmal fragt Schlemihl, ob er auch von dem reichen Herrn John eine Unterschrift erhalten habe. Lächelnd zieht der Graue die entstellte, bleiche Gestalt von Thomas John aus seiner Zaubertasche. Entsetzt wirft Schlemihl das Glückssäckel in einen Abgrund und beschwört den teuflischen Gesellen im Namen Gottes, sich nie wieder blicken zu lassen. »Er erhob sich finster und verschwand sogleich hinter den Felsmassen.«

Ohne Schatten, mit nur noch einigen wenigen Goldstücken in der Tasche, aber dennoch erleichtert, den Grauen los zu sein, findet Schlemihl auf einer Kirmes ein Paar Schuhe: »Ich trat nun an wie ein Rekrut, der geübt wird, und schritt langsam, gesetzt einher. Wunderbare veränderliche Länder, Fluren, Auen, Gebirge, Steppen, Sandwüsten entrollten sich vor meinem staunenden Blick; es war kein Zweifel, ich hatte Siebenmeilenstiefel an den Füßen.«

Er besorgt sich Pantoffeln als »Hemmschuhe«, um seinen Schritt zu verkürzen und auch nahe Gegenstände gemächlich betrachten zu können, und zieht fortan als Naturforscher durch die ganze Welt. Zwar muß er auf jegliche Gesellschaft mit den Menschen verzichten, doch er fügt sich in sein Geschick, arbeitet redlich und fleißig und kümmert sich darum, »daß vor meinem Tode meine Manuskripte bei der Berliner Universität niedergelegt werden«.

Seinen eigenen Worten zufolge schrieb Chamisso die von ihm als Märchen oder Fabel bezeichnete Geschichte des Peter Schlemihl einzig und allein, um sich zu zerstreuen und die Kinder seines Freundes Hitzig zu unterhalten. »Es sollte nur einen Brief an Hitzig und Fouqué vorstellen und dabei sein Bewenden haben.«

Tatsächlich war Hitzig einer der ersten, denen Chamisso einen Teil des Manuskriptes zeigte, und ihm lag viel an dessen Urteil. »Du hast also nichts weniger von mir erwartet als ein Buch!« schrieb er im Herbst 1813 an seinen Freunde »Ede«. »Lies das Deiner Frau vor, heute abend, wenn Du Zeit hast, wenn sie neugierig wird zu erfahren, wie es Schlemihl weiter ergangen, und besonders, wer der Mann im grauen Kleide war, so schick mir gleich morgen das Heft wieder, auf daß ich daran schreibe – wo nicht, so weiß ich schon, was die Glocke geschlagen hat – ich habe hier niemand, mit dem ich Vorlesungen vornehmen könnte... Vom dritten Kapitel ist das erst der Anfang, das und das folgende sind mir sehr beschwerlich – es stehen die Ochsen am Berge – nachher soll es wohl ziemlich lange, wie geschmiert, gehen.«

Offenbar bestand sehr wohl Interesse am Fortgang der Geschichte, denn sobald Chamisso das vierte Kapitel, in dem Schlemihl seine Mina findet, beendet hatte, schrieb er wiederum an Hitzig: »Ich kritzle immer an meinem Schlagschatten, und wenn ich's Dir gestehen muß, lache und fürchte ich mich manchmal darüber, so wie ich daran schreibe – wenn die anderen nur für

Schlemihl-Illustration für die 3. deutsche Ausgabe
Radierung von George Cruikshank mit Randzeichnung von P. C. Geißler

mich nicht darüber gähnen. Mein viel gefürchtetes viertes Kapitel hab ich mir nach vielem Kauen gestern aus einem Stücke, wie eine Offenbarung, aus der Seele geschnitten und heute abgeschrieben – es ist auch schon eher Morgen als Nacht – darum ade.«

Später, als sein Bruder Hippolyte eine französische Übersetzung der Erzählung vorbereitete, erklärte ihm Chamisso den Namen Schlemihl: Er käme aus dem Hebräischen und bedeute Gottlieb, Theophil oder aimé de Dieu. Im jüdischen Jargon sei es die »Benennung von Ungeschickten oder Unglücklichen, denen nichts in der Welt gelingt. Ein Schlemihl bricht sich den Finger in der Westentasche, er fällt auf den Rücken und bricht das Nasenbein, er kommt immer zur Unzeit.«

Die Idee zu der Geschichte kam Chamisso zufällig auf einer Reise. Als er Hut, Mantelsack, Handschuhe, Schnupftuch und sein ganzes bewegliches Gut verlor, fragte ihn Fouqué, ob er nicht auch noch seinen Schatten verloren habe.

Ein anderer Einfall stammt nach seinem eigenen Bekunden aus einem Buch des damals vielgelesenen August Heinrich Lafontaine, in dem ein Mann in einer Gesellschaft allerlei aus der Tasche zog, was eben gefordert wurde: »...ich meinte, wenn man dem Kerl ein gut Wort gebe, zöge er noch Pferd und Wagen aus der Tasche. Nun war der Schlemihl fertig...«

Wohl aus einer anfänglichen Unsicherheit heraus, ob es ihm auch wirklich gelungen sei, endlich eine »ruhige, vernünftige Prosa« zu schreiben, wurde die Idee zu einer Art Versteckspiel geboren, das mit den Vorreden der ersten, 1814 bei Johann Leonard Schrag in Nürnberg erschienenen Ausgabe begann und in allen weiteren zu Chamissos Lebzeiten veröffentlichten Ausgaben fortgesetzt wurde: Angeblich sei dieses Manuskript nur bei ihm abgegeben worden, von einem wunderlichen Mann mit langem Bart. Daraufhin habe Chamisso es an Hitzig geschickt: »Du vergissest niemanden, Du wirst Dich noch eines gewissen Peter Schlemihl erinnern, den Du in frühern Jahren ein paarmal bei mir gesehen hast, ein langbeiniger Bursch, den man für ungeschickt glaubte, weil er linkisch war, und der wegen seiner Trägheit für faul galt.« Eine Abschrift davon habe er noch an Fouqué gesandt, der den Text dann angeblich ohne Wissen Chamissos veröffentlichen ließ und schrieb: »...welcher Sterbliche kann die Schicksale eines Manuskriptes bestimmen, eines Dinges, das beinah noch schlimmer zu hüten ist als ein gesprochenes

Peter Schlemihl's
wundersame Geschichte
von
Adelbert v. Chamisso
SIEBENTE AUFLAGE
Mit 6 Stahlstichen.
LEIPZIG, 1860.
J. L. Schrag's Verlag.
(A. G. Hoffmann.)
MIT ZEICHNUNGEN VON P. C. GEISSLER UND STAHLSTICHEN VON FLEISCHMANN, HARTMANN, PETERSEN UND SERZ.

Wort. Da mach ich's denn wie ein Schwindelnder, der in der Angst lieber gleich in den Abgrund springt: Ich lasse die ganze Geschichte drucken.«

Selbst seinen engsten Freunden gegenüber hielt Chamisso die Behauptung aufrecht, er habe von der Veröffentlichung des *Schlemihl* nichts gewußt. Daß der Schlemihl aus dem Manuskript in die Druckerpresse hineingestiefelt sei, wäre wohl auch so ein Schlemihlstreich, und er wasche seine Hände in Unschuld, schrieb er an Rosa Maria. Tatsächlich hatte sich Chamisso jedoch schon in seinem allerersten den Schlemihl betreffenden Brief an Hitzig nach dem voraussichtlichen Druckumfang erkundigt: »8 bis 10, höchstens 12 solche Kapitelchen – wieviel macht das?«

Über mangelndes Interesse konnte Chamisso sich nicht beklagen, nachdem der *Schlemihl* erschienen war: »Selten hat ein Buch so eingerissen – man liest es, die Kinder laufen mir nach dem Schatten – in Kopenhagen, Petersburg, Reval ist unberufen Schlemihl da, so bei den Deutschen am Kap – aus Lesebibliotheken wird er regelmäßig gestohlen und keine Zeitung hat ihn je angekündigt oder genannt. Er hilft sich so selber durch.«

Noch zu Chamissos Lebzeiten wurde die Erzählung in viele Sprachen übersetzt, und stolz meldete der Autor, der *Schlemihl* sei in England volkstümlich geworden. Einen in Königsberg neu angelegten Garten, der viel besucht wurde, obwohl er noch wenig Schatten spendete, nannte man Schlemihls Garten; neumodische Lampen, die keinen Schatten warfen, galten als à la Schlemihl.

Der entscheidende Grund dafür, daß Chamissos Buch noch heute, mehr als einhundertfünfundsiebzig Jahre nach der Erstveröffentlichung, gelesen und immer wieder neu aufgelegt wird, dürfte in der »pikanten Unbestimmtheit« der Geschichte liegen, von der schon Eichendorff sprach, und an der von vielen Kritikern gerühmten gelungenen Verbindung phantastischer und realistischer Elemente. Kaum verhüllt ist die Kritik an der unheilvollen Macht des Geldes – bis in die unmittelbare Gegenwart hinein von mindestens ebenso großer Aktualität wie damals. Diese Kritik ist eindeutig, während das Motiv des verkauften Schattens Raum für unterschiedlichste Interpretationen läßt. Am häufigsten wurde vermutet, es sei ein Gleichnis für den Verlust des Vaterlandes, den Chamisso nie verwunden habe.

Er selbst verwahrte sich jedoch gegen jede Deutung und bestand darauf, daß er das Buch mit keiner anderen Absicht geschrieben habe als eben der,

Chamisso als Schlemihl. Karikatur von E. T. A. Hoffmann

Hitzigs Frau und Kinder, die er sich als sein Publikum vorgestellt hatte, zu amüsieren: »Wenn ich selber eine Absicht gehabt habe, glaube ich es dem Dinge nachher anzusehen, es wird dürr, es wird nicht Leben – und es ist, meine ich, nur das Leben, was wieder das Leben ergreifen kann.«

Für eine 1838 erschienene französische Übersetzung des *Schlemihl* verfaßte Chamisso eine Vorrede, in der es heißt, seine Geschichte sei in die Hände von besonnenen Leuten gefallen, die sich darüber beunruhigt hätten, was denn wohl der Schatten bedeute: »Mehrere haben darüber kuriose Hypothesen aufgestellt; andere, indem sie mir die Ehre erwiesen, mich für gelehrter zu halten, als ich es bin, haben sich an mich gewandt, um durch mich eine Lösung ihrer Zweifel bewirkt zu sehen. Die Frage, mit welcher sie mich bestürmten, hat mich über meine Unwissenheit erröten lassen. Sie haben mich dahin gebracht, in den Umfang meiner Studien einen mir bis dahin fremd gebliebenen Gegenstand aufzunehmen, deren Resultat ich hier aufzeichnen will.« Es folgt eine physikalisch exakte Beschreibung, die Chamisso einem seinerzeit in Frankreich gebräuchlichen Schulbuch entnahm: »Ein nicht leuchtender Körper kann nur teilweise von einem leuchtenden Körper erhellt werden. Der lichtlose Raum, welcher auf der Seite des nicht beleuchteten Teiles liegt, ist das, was man Schatten nennt...«

Damit sollte man das Thema eigentlich für hinlänglich erschöpft halten; selbstverständlich wurde aber auch diese Vorrede wiederum ausführlich interpretiert. Tatsächlich mag es gerade mit Blick auf Chamissos Biographie noch andere Möglichkeiten geben, das Schattenmotiv zu deuten, ohne es auf die Vaterlandsfrage zu reduzieren oder physikalisch zu erklären. Naheliegend wäre es beispielsweise, den Schatten als Symbol dafür zu deuten, welche unverwechselbare und keinesfalls käufliche oder durch den Zufall der Herkunft zu erwerbende Kraft in jedem Menschen steckt, um die eigene Bestimmung zu entdecken. Entscheidend ist also weniger, was der Schatten einst für Chamisso bedeutet haben mag, als vielmehr, welche Bedeutung dieses Motiv für den heutigen Leser noch haben kann. Darin liegt der Erfolg des Buches begründet: *Peter Schlemihls wundersame Geschichte* birgt noch immer ein Geheimnis, das von jedem Leser ganz persönlich zu enträtseln ist.

Schattenriß von Emil Preetorius zur Schlemihl-Ausgabe München 1908

9 Die Weltreise: 1815–1818

Als Naturforscher auf der »Rurik«. Mittler zwischen den Kulturen. Natur- und Sprachstudien

Ich habe, soweit meine Stiefel gereicht, die Erde, ihre Gestaltung, ihre Höhen, ihre Temperatur, ihre Atmosphäre in ihrem Wechsel, die Erscheinungen ihrer magnetischen Kraft, das Leben auf ihr, besonders im Pflanzenreiche, gründlicher kennengelernt als vor mir irgendein Mensch.

Peter Schlemihls wundersame Geschichte

Am 19. Oktober 1813 gingen mit der Völkerschlacht bei Leipzig die Befreiungskriege zu Ende. Mehr als eine halbe Million Soldaten waren an dieser Schlacht beteiligt, die das weitere Schicksal Europas bestimmte, über neunzigtausend Menschen fielen ihr zum Opfer. Zwar konnte Napoleon den Alliierten entkommen und nochmals ein Heer aufstellen, doch am 30. März 1814 zogen die Truppen der Verbündeten in Paris ein und erzwangen Napoleons bedingungslose Abdankung. Er wurde auf die Insel Elba verbannt.

Noch im Oktober 1814 kehrte Chamisso nach Berlin zurück, um sein Studium wieder aufzunehmen. »Ich habe diesen Winter ein naturphilosophisches Kollegium von Horkel, ein physikalisches über Magnetismus und Elektrizität von Erman und sonst ein lateinisches von Wolf gehört«, berichtete er de la Foye. Außerdem war er mit seinem Herbarium beschäftigt: »Lieber, was würde aus mir, wenn mir das Heu zu widerstehen anfinge!«

In einer Traumszene seiner *Schlemihl*-Erzählung schildert er sich selbst, wie er in Kunersdorf bei seinen Studien saß: Peter Schlemihl, der den Autor in der Geschichte zweimal direkt anspricht, träumt: »... es war mir, als stünde ich hinter der Glastüre deines kleinen Zimmers und sähe dich von da an deinem Arbeitstische zwischen einem Skelett und einem Bunde trockener Pflanzen sitzen, vor dir waren Haller, Humboldt und Linné aufgeschlagen, auf deinem Sofa lagen ein Band Goethe und der Zauberring ...«

Wieder in Berlin, verkehrte der Student wie ein Familienmitglied im Hause seines Freundes Hitzig. Es war ein schwerer Schock für ihn, als Hitzigs Frau im Mai 1814 nach schwerem Leiden starb. Sie war gerade dreiunddreißig Jahre alt geworden. »Ich habe in ihr Mutter und Schwester verloren«, klagte er. »Mein Haus ist verödet.« Hitzig, der früher Beamter gewesen war, beschloß der Zukunft seiner sechs Kinder wegen in den Staatsdienst zurückzukehren und hatte zu Chamissos Leidwesen nur noch wenig Zeit für den

Freund. »Nun ist er mit Akten ummauert, mit Geschäften überpackt; nun sehe ich ihn nicht alle Tage mehr wie sonst.«

Chamisso zog sich in sein Arbeitszimmer zurück und fand, daß ihm die Gesellschaft »von zweibeinigen Bestien seiner Art« bekam wie »dem Hund das Grasfressen«. Mehr denn je sehnte er sich danach, eine wissenschaftliche Reise zu unternehmen. Hinauszuziehen in die Welt wie sein Peter Schlemihl war ihm längst ein Herzenswunsch.

Als Chamisso erfuhr, daß Prinz Max von Wied-Neuwied, Naturforscher und Völkerkundler, eine Reise nach Brasilien plante, bewarb er sich um eine Teilnahme daran: »Professor Lichtenstein möge Sie bewegen, meine Fähigkeiten mit Nachsicht zu beurteilen... Einen anspruchslosen, eifrigen, rüstigen Gehülfen würden Sie an mir haben... Ich bin der Geburt nach Franzose, der Sprache, dem Sinn, der Bildung nach ein Deutscher; diese Zweiheit hat mir jede Bahn verschlossen; ich habe, nachdem ich in früheren Jahren in preußischem Kriegsdienst gestanden, mich zu der Natur gewendet und gänzlich ihren Studien gewidmet; ich habe mir zum Zweck meines Lebens gesetzt, einst für die Wissenschaft zu reisen; ich habe mich hauptsächlich der Botanik ergeben und bin darin, meiner Weise nach, von dem Zunächstliegenden ausgegangen; ich habe mich an unserer norddeutschen und an der Schweizer Flora gebildet, die ich ziemlich genau kennengelernt. Ich bin aber auch andern Zweigen der Naturwissenschaft nicht fremd geblieben; ich habe z. B., die Würdigung der vergleichenden Anatomie erkennend, das Skalpell selber geführt, auch das Mineralreich kennengelernt.«

Das Vorhaben scheiterte allerdings daran, daß er die Kosten für diese Reise selbst aufbringen mußte, wozu er nicht in der Lage war.

Erst ab September 1814 kam Chamisso abends wieder öfter aus seinem Zimmer heraus, nachdem er auf Vermittlung Hitzigs den Schriftsteller, Komponisten und Zeichner E. T. A. Hoffmann kennengelernt hatte. Zusammen mit dem Dichter Carl Wilhelm Contessa, Hitzig und gelegentlich auch Fouqué, traf man sich häufig in einem Seitenstübchen des Cafés Manderlee, trank Bier und ließ sich von dem Qualm aus Chamissos Pfeife einnebeln.

Im Januar 1815 las Hoffmann den Freunden aus seiner gerade vollendeten Erzählung »Die Abenteuer der Silvester-Nacht« vor, in der es um ein verlorengegangenes Spiegelbild geht und in der man unter dem Namen »Der Große« Peter Schlemihl wieder begegnet: »Er forderte verdrießlich Bier und

Ernst Theodor Amadeus Hoffmann (1776–1822). In seiner Erzählung »Abenteuer der Silvester-Nacht« tritt Chamissos Peter Schlemihl auf

Pfeife und erregte mit wenigen Zügen einen solchen Dampf, daß wir bald in einer Wolke schwammen. Übrigens hatte sein Gesicht so etwas Charakteristisches und Anziehendes, daß ich ihn trotz seines finsteren Wesens sogleich liebgewann. Die schwarzen reichen Haare trug er gescheitelt und von beiden Seiten in kleinen Locken herabhängend, so daß er den Bildern von Rubens glich. Als er den großen Mantelkragen abgeworfen, sah ich, daß er in eine schwarze Kurtka mit vielen Schnüren gekleidet war, sehr fiel es mir aber auf, daß er über die Stiefel zierliche Pantoffeln gezogen hatte.« In der Schilderung E.T.A. Hoffmanns hat Peter Schlemihl viel Ähnlichkeit mit Adelbert von Chamisso: »...der Große wußte über geringfügig scheinende Dinge recht viel Tiefes und Ergötzliches zu sagen, unerachtet er mit dem Ausdruck zu kämpfen schien, manchmal auch wohl ein ungehöriges Wort einmischte, das aber oft der Sache eben eine drollige Originalität gab.«

Am selben Abend, als Hoffmann aus seiner Erzählung vorlas, beschlossen die Freunde, nach dem Vorbild des einst von Varnhagen und Neumann zusammen mit Fouqué und Bernhard verfaßten Romans »Die Versuche und Hindernisse Karls« nun auch gemeinsam ein Buch zu schreiben: »Der Roman des Freiherrn von Vieren«. Es entstanden jedoch nur einige wenige Kapitel, denn wieder gab es Krieg. Im *Tagebuch* schreibt Chamisso: »Kaum hatte der Boden sich wieder befestigt, wieder blau der Himmel sich darüber gewölbt, als im Jahre 1815 der Sturm sich wiederum erhob und aufs neue zu den Waffen gerufen ward.«

Während in Wien auf der Grundlage des ersten Pariser Friedens über eine territoriale Neuordnung Europas verhandelt wurde, landete Napoleon am 1. März heimlich an der Küste Südfrankreichs und stellte in kurzer Zeit ein Heer auf. Er hoffte, die Interessengegensätze der am Wiener Kongreß beteiligten Großmächte nutzen und seine Macht wiederherstellen zu können. Tatsächlich gestaltete sich sein Weg nach Paris wie ein Triumphzug. Die nach der Abdankung an die Macht zurückgekehrten Bourbonen unter Ludwig XVIII. flohen nach Belgien, nachdem ihre Truppen zu Napoleon übergelaufen waren. Am zwanzigsten März erreichte Napoleon Paris – das »Intermezzo der hundert Tage« begann.

Noch im März verkündeten die Alliierten die Ächtung Napoleons in ganz Europa, und innerhalb weniger Wochen wurden die bereits demobilisierten Armeen reorganisiert.

Chamisso war wie schon in den Befreiungskriegen der Meinung, die Zeit habe kein Schwert für ihn. Diese Haltung fand aber nicht einmal bei den Freunden uneingeschränktes Verständnis. In Varnhagens »Denkwürdigkeiten« heißt es: »Man wollte natürlich finden, daß er wie hundert andre dem vertriebenen Königshause zuliebe in die Reihen der Krieger träte, die... auf sein Vaterland eindrangen. Dies war seinem Gefühl eine Unmöglichkeit, er konnte seine Denkart nicht ganz verbergen und wurde von vielen Seiten zweideutig, ja mißtrauisch angesehen.«

Am 18. Juni 1815 stand Napoleons Heer bei Belle-Alliance (Waterloo) der englischen Armee unter dem britischen Feldmarschall Wellington gegenüber. Als dann in den Abendstunden der preußische Generalfeldmarschall Blücher seine Truppen zur Verstärkung der Engländer herangeführt hatte, war Napoleons Niederlage besiegelt. Er konnte zwar noch einmal zu Pferde entkommen, vier Tage danach wurde er jedoch von französischer Seite überredet, erneut abzudanken, um weiteres Blutvergießen zu vermeiden. Ein Fluchtversuch in die Vereinigten Staaten scheiterte, und schließlich brachte man ihn unter der Vorspiegelung, ihm in Großbritannien Asyl zu gewähren, auf die im Südatlantik gelegene Insel Sankt Helena, wo er die letzten sechs Jahre bis zu seinem Tod unter strengen Haftbedingungen zubrachte.

In Chamissos Leben war indessen erneut eine Wende eingetreten. Hatte er eben noch, übel gelaunt und düster gestimmt, de la Foye gegenüber geklagt, nun würden sie allmählich alt, so eröffnete sich ihm nun völlig unerwartet eine neue Zukunft.

Zufällig sah er bei Hitzig einen Zeitungsartikel, in dem von einer bevorstehenden Entdeckungs-Expedition der Russen die Rede war: »›Ich wollte, ich wäre mit diesen Russen am Nordpol!‹ rief ich unmutig aus und stampfte wohl dabei mit dem Fuß. Hitzig nahm mir das Blatt aus der Hand, überlas den Artikel und fragte mich: ›Ist es dein Ernst?‹ – ›Ja!‹ – ›So schaffe mir sogleich Zeugnisse deiner Studien und Befähigung zur Stelle. Wir wollen sehen, was sich tun läßt.‹«

Diesmal hatte Chamisso mehr Glück als bei seiner Bewerbung um die Teilnahme an der Reise nach Brasilien.

Hitzig war mit August von Kotzebue befreundet, dem wohl populärsten Bühnendichter seiner Zeit, der damals als Generalkonsul und Staatsrat für auswärtige Angelegenheiten in russischen Diensten stand. Er war der Vater des in der Zeitungsmeldung genannten Kapitäns und Leiters der Expedition, Otto von Kotzebue, und außerdem mit Admiral Krusenstern verschwägert, dem Bevollmächtigten für die Ausrüstung.

Mit der nächsten Post schickte Hitzig Chamissos Unterlagen an August von Kotzebue nach Königsberg, und bald darauf traf ein Schreiben Krusensterns ein, in dem Chamisso »zum Naturforscher auf die zu unternehmende Entdeckungsreise in die Südsee und um die Welt« ernannt wurde.

Seine Bewerbung muß gerade zur rechten Zeit gekommen sein, denn ein bereits benannter Forscher hatte seine Teilnahme aus Gesundheitsgründen abgesagt. Eine dreijährige Forschungsreise im Dienst der Wissenschaft um die ganze Welt stand Chamisso jetzt bevor, und seine Begeisterung kannte kaum noch Grenzen: »Nun war ich wirklich an der Schwelle meiner lichtreichsten Träume, die zu träumen ich kaum in meinen Kinderjahren mich erkühnt, die mir im Schlemihl vorgeschwebt, die als Hoffnungen ins Auge zu fassen, ich, zum Manne herangereift, mich nicht vermessen.«

Am 15. Juli 1815 machte Chamisso sich von Berlin aus »mit der ordinären Post« auf den Weg – eine Beförderungsart, die man sich nicht allzu romantisch vorstellen sollte. »Der deutsche Postwagen«, von Chamisso abwechselnd als »Martermaschine« oder als »Ungeheuer« bezeichnet, scheine »recht eigentlich für den Botaniker eingerichtet zu sein«, da man wegen seiner Langsamkeit genausogut nebenher und sogar vor- und zurückgehen könne.

Drei Tage später begann für Chamisso die eigentliche Entdeckungsreise, von ihm selbst als Hauptstück seiner Lebensgeschichte bezeichnet, denn weiter als bis Hamburg war er bisher nicht gekommen. Von dort aus fuhr er nach Kiel, und dann ging es mit einem Paketboot weiter nach Kopenhagen.

Die vorangegangene Nacht war stürmisch gewesen, und als »das Schiff... zu rollen begann, wurden auf demselben die anfangs lauten Passagiere still, und ich selbst zahlte dem Meere den ersten Tribut«.

In Kopenhagen verlebte er, der bald feststellte, daß er sich überall schnell heimisch fühlen konnte, »vielleicht die heitersten und fröhlichsten Tage« seines Lebens. Unter anderem lernte er den gerade mit der Übersetzung von Fouqués »Undine« beschäftigten Dichter Adam Gottlob Oehlenschläger kennen; er besuchte tagsüber Bibliotheken, Sammlungen, Gärten und verbrachte die Abende in angenehmer Gesellschaft.

Am 9. August wurde das nach dem sagenumwobenen Gründer des russischen Reiches »Rurik« genannte Forschungsschiff gemeldet. Es war eine kleine, aber überaus seetüchtige Brigg, ein Zweimaster (Fock- und Großmast) von hundertachtzig Tonnen mit acht Kanonen auf dem Verdeck, dem der Kaiser auf dieser Entdeckungsreise die Kriegsflagge zu führen bewilligt hatte.

Die Schiffsbesatzung bestand aus dem Kapitän, dem Ersten und dem Zweiten Leutnant, drei Untersteuerleuten, zwei Unteroffizieren, zwanzig Matrosen und dem Schiffskoch. Wissenschaftliche Teilnehmer der Expedition waren außer Chamisso der Zoologe und Schiffsarzt Johann Friedrich Eschscholtz aus Dorpat, der deutsche Maler Louis Choris und der dänische Botaniker Morton Wormskiold, den Chamisso bereits vor der Abfahrt in Kopenhagen kennenlernte.

Die von dem ehemaligen russischen Außenminister und Staatskanzler Nikolai Petrowitsch Graf von Rumjanzow (Romanzoff) auf eigene Kosten ausgestattete Expedition diente der Erschließung der Nordgebiete Rußlands und hatte die Entdeckung einer nordöstlichen Durchfahrt zum Atlantischen Ozean zum Ziel. Voraussetzung dafür war die Erforschung der geographischen und geologischen Bedingungen der Küste und der umliegenden Inseln des nördlichen Alaska. Neben den wissenschaftlichen Aufgaben dürften

Die Brigg »Rurik«, drei Jahre lang Chamissos Zuhause
Bleistiftzeichnung vom Maler der Expedition Louis Choris

auch strategische – immerhin war die »Rurik« ein Schiff der Kriegsmarine, der Kapitän unterstand der russischen Admiralität – und ökonomische Gesichtspunkte eine Rolle gespielt haben: Der durch die Napoleonischen Kriege und die Kontinentalsperre unterbrochene Handel mit Nordamerika sollte durch eine verstärkte Erschließung der fernöstlichen Gebiete und des damals noch russischen Alaska neu belebt werden. Die Interessen der zu dieser Zeit den fernöstlichen Pelzhandel beherrschenden »Russisch-Amerikanischen Handelskompagnie«, deren Hauptaktionär Graf von Rumjanzow war, beeinflußte ebenfalls die Planung der Expedition.

Nachdem am 17. August 1815 in Kopenhagen die Anker gelichtet wurden, verlief die Reiseroute zunächst durch die Nordsee nach Plymouth, wo Chamisso sofort, nachdem das Schiff vor Anker lag, in die Kajüte des Kapitäns gerufen wurde. »Er redete mich ernst und scharf an, mich ermahnend, meinen Entschluß wohl zu prüfen; wir seien hier in dem letzten europäischen Hafen, wo zurücke zu treten mir noch ein leichtes sei. Er gäbe mir zu überlegen, daß ich als Passagier an Bord eines Kriegsschiffes, wo man nicht gewohnt sei, welche zu haben, keinerlei Ansprüche zu machen habe.« Natürlich dachte Chamisso gar nicht daran, die Fahrt hier zu beenden; wohl aber machte er sich so seine Gedanken über die Rolle eines Gelehrten auf dieser Expedition: »Voller Lust und Hoffnung, voller Tatendurst kommt er hin und muß zunächst erfahren, daß die Hauptaufgabe, die er zu lösen hat, darin besteht, sich so unbemerkbar zu machen, so wenig Raum einzunehmen, so wenig dazusein als immer möglich.«

Neugierig betrachtete Chamisso die kleine Welt, der er nun angehörte, diese Nußschale, in der er drei Jahre lang die Ozeane durchqueren sollte. Unter Deck nahm die Kajüte des Kapitäns den hinteren Teil des Schiffes ein; sie wurde durch eine gemeinsam genutzte Treppe von der am Fuß des großen Mastes liegenden »Kajüte de Campagne« getrennt, das war der Schlaf- und Aufenthaltsraum der Forscher und Offiziere. Beide Kajüten bekamen das Licht von oben. Der übrige Schiffsraum bis zur Küche am Fuß des Vordermastes diente den Matrosen als Wohnung.

Die »Kajüte de Campagne« war 4,20 Quadratmeter groß. Am Fuß des Mastes befand sich ein Kamin, gegenüber war ein Spiegel angebracht und darunter, ebenfalls mit einer Seite an der Wand befestigt, ein viereckiger Tisch. »In jeglicher Seitenwand der Kajüte sind zwei Kojen befindlich, zu Schlafstellen eingerichtete Wandschränke... Unter denselben dient ein Vorsprung der Länge der Wand nach zum Sitz und gibt Raum für Schubladen, von denen je vier zu einer Koje gehören.«

Chamisso standen neben seiner Koje nur drei Schubladen zur Verfügung, eine hatte er einem Reisegefährten abgegeben. In diesem engen Raum der Kajüte »schlafen vier, wohnen sechs und speisen sieben Menschen«. Morgens um sieben Uhr wurde Kaffee getrunken, mittags um zwölf gespeist und anschließend das Geschirr gescheuert, um fünf Uhr Tee getrunken und abends um acht das vom Mittagessen Übriggebliebene zum zweitenmal aufgetragen.

In den Zwischenzeiten nahm der Maler mit seinem Reißbrett zwei Seiten des Tisches ein, die dritte Seite gehörte den Offizieren, und nur wenn diese sie unbesetzt ließen, konnten die andern sich darum streiten. »Will man schreiben oder sonst sich am Tische beschäftigen, muß man dazu die flüchtigen, karggezählten Momente erwarten, ergreifen und geizig benutzen; aber so kann ich nicht arbeiten.«

Chamisso erwarteten während der Reise noch andere Unannehmlichkeiten. Daß seine Arbeit nicht besser unterstützt wurde, lag vor allem an dem schwierigen und über weite Strecken der Fahrt äußerst gespannten Verhältnis zwischen dem vor Ehrgeiz und Tatendrang brennenden Naturforscher und dem nicht minder ehrgeizigen Kapitän des Schiffes, Otto von Kotzebue. Noch keine dreißig Jahre alt, als er von der russischen Admiralität mit der Führung dieser Expedition beauftragt wurde, war er schon in den Jahren 1803 bis 1806 als Kadett an der ersten russischen Weltumseglung unter dem damaligen Kapitänleutnant Krusenstern beteiligt gewesen; 1823 bis 1826 leitete er eine weitere Forschungsreise in die Südsee.

Vieles deutet darauf hin, daß die beiden Männer, sich der eigenen Fähigkeiten und Leistungen sehr wohl bewußt, kaum einen Weg zueinander finden konnten. So scheint Chamisso die Verantwortung des Kapitäns, Schiff und Besatzung durch Wind und Wetter in unbekannte Gewässer und gesund wieder zurückzubringen, nicht gerade überbewertet zu haben. Während eines Sturms reimte er ein paar Verse, die der eigentlichen Dramatik des Geschehens wohl kaum gerecht wurden: »So wüte Sturm, vollbringe nur dein Tun, / Zerstreue diese Planken, wie den Mast, / Den wohlgefügten, mächt'gen, eben nun / Du leichten Spieles schon zersplittert hast…«

Der Kapitän zeigte sich seinerseits mehr an den Wünschen der russischen Auftraggeber interessiert als an den naturwissenschaftlichen Studien Chamissos, der sich zudem nur schlecht in die Gemeinschaft einfügte. An Bord wurde vor allem Russisch gesprochen, und Chamisso fing an, diese Sprache zu erlernen. Schließlich brachte er es so weit, mehrere Kapitel in einem russisch geschriebenen Buch lesen zu können: »…aber ich ließ mit gutem Bedacht von dem Beginnen ab und lernte mich glücklich schätzen, daß die Sprache eine Art Schranke sei, die zwischen mir und der nächsten Umgebung sich zog. Ich habe auch nicht leicht etwas so schnell und vollständig verlernt als mein Russisch. Es hat ganze Zeiten gegeben, wo ich während des Essens (ich nahm zufälligerweise bei Tafel den mittleren Sitz ein) stumm und starr, den Blick fest auf mein Spiegelbild geheftet, gehüllt in meine Sprachunwissenheit, die Brocken in mich hineinwürgte, allein wie im Mutterleib.«

Hinzu kam, daß Chamisso offensichtlich große Schwierigkeiten hatte, sich dem Kommando des sechs Jahre jüngeren Kapitäns zu unterwerfen. »Gott ist hoch und der Kaiser ist fern«, zitierte er ein russisches Sprichwort, um gleich darauf anzumerken, unumschränkter noch als der Kaiser sei auf einem Schiff der Kapitän.

»Herr von Kotzebue war liebenswürdig und liebenswert. Unter vielen Eigenschaften, die an ihm zu loben waren, stand obenan seine gewissenhafte Rechtlichkeit. Aber die zu seinem Herrscheramt erforderliche Kraft mußte er sich mit dem Kopfe machen; er hatte keine Charakterstärke; und auch er hatte seine Stimmungen. Er litt an Unterleibsbeschwerden, und wir spürten ungesagt auf dem Schiffe, wie es um seine Verdauung stand. Bei dem gerügten Mangel, besonders in der späteren Zeit der Reise, wo seine Kränklichkeit zunahm, mochte er leicht von dem, der ohne Arg grade vor sich schritt und fest auftrat, sich gefährdet glauben. Auf der Fahrt durch den Atlantischen Ozean hatte er die Vorurteile abgestreift, die er gegen mich gefaßt haben mochte, und ich kam für seinen Günstling zu gelten. Ich hing ihm aber auch an mit fast schwärmerischer Liebe. Später wandte er sich von mir ab, und auf mir lastete seine Ungnade.«

Am Anfang seiner Reisebeschreibung werden Forschungsteilnehmer und Offiziere kurz charakterisiert – über den Kapitän verliert Chamisso kaum ein Wort. Zwar erwähnt er dessen frühere Fahrt mit Krusenstern, aber gleich darauf heißt es, der »älteste an Jahren« sei er selbst gewesen. Bei der Schilderung seines Begrüßungsgespräches mit Kotzebue stellt er bitter fest, man habe ihn ohne Instruktionen und Verhaltensregeln gelassen. Obwohl er ausdrücklich danach gefragt hatte, war er weder über seine Rechte und Pflichten noch über die Schiffsordnung belehrt worden. So kam es zu Reibereien, weil Chamisso sich aus Unwissenheit falsch verhielt. »Ich wußte zum Beispiel nicht, daß man nicht ungerufen den Kapitän in seiner Kajüte aufsuchen darf; daß ihm, wenn er auf dem Verdeck ist, die Seite über dem Wind ausschließlich gehört und daß man ihn auch da nicht anreden soll; daß diese selbe Seite, wenn sie der Kapitän nicht einnimmt, dem wachhabenden Offizier zukommt; ich wußte vieles von der Art nicht, was ich nur gelegentlich erfuhr.«

Sehr bald erfuhr er aber, daß außerhalb der Kajüte nicht geraucht werden durfte und daß es wenig ratsam war, sich während eines Unwetters an Deck zu zeigen. Es gab nämlich weder eine Möglichkeit, sich zu trocknen, noch Kleidung zum Wechseln.

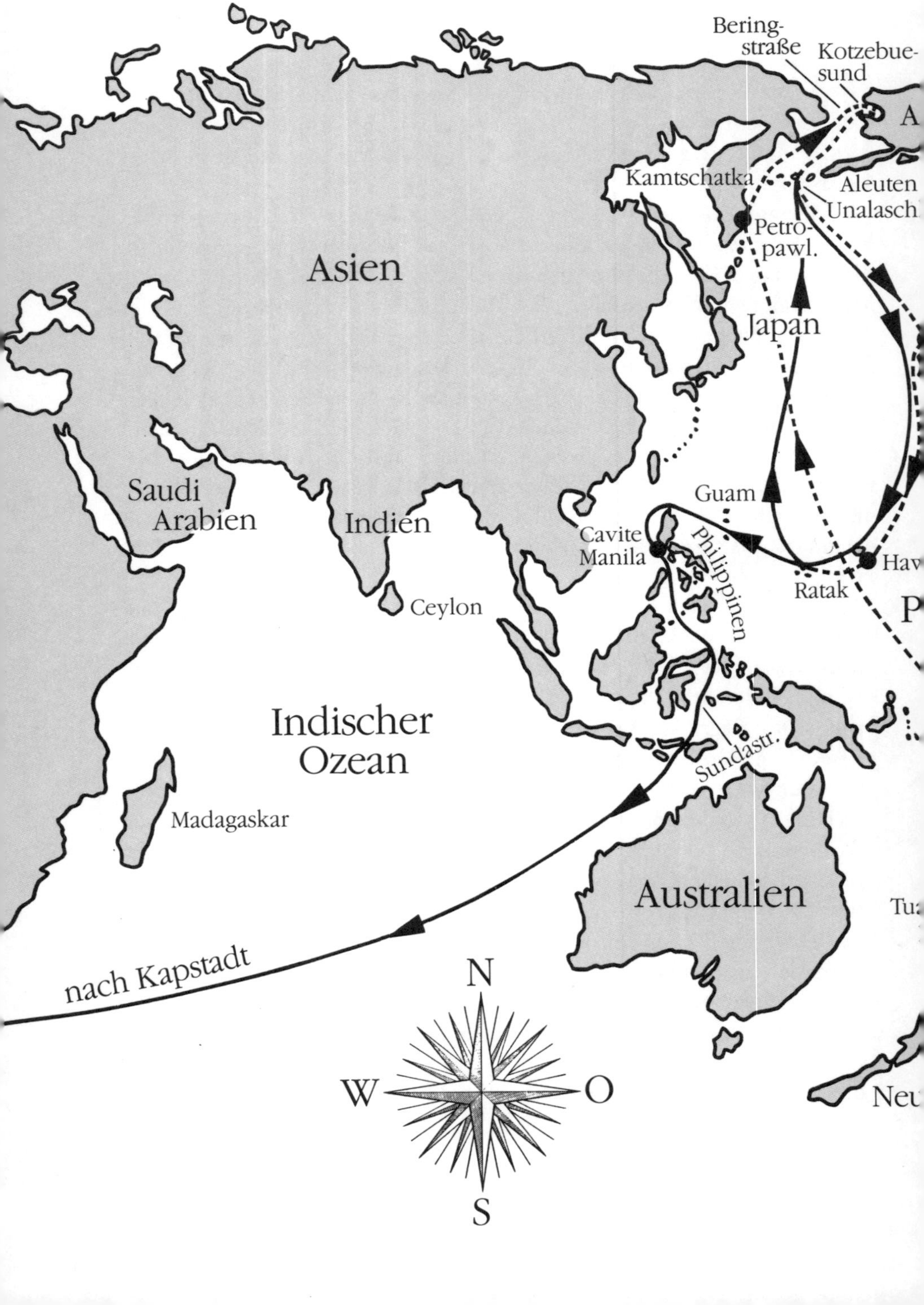

Bering-
straße
Kotzebue-
sund
Kamtschatka
Aleuten
Petro-
pawl.
Asien
Japan
Saudi
Arabien
Indien
Guam
Cavite
Manila
Philippinen
Ratak
Ceylon
Indischer
Ozean
Sundastr.
Madagaskar
Australien
nach Kapstadt
N
W
O
S

Spitzbergen
Grönland
Island
Kanada
Kopenhagen
Portsmouth
Plymouth
Berlin
Europa
ordamerika
ncisco
Azoren
Atlantischer
Ozean
Teneriffa
xiko
Kapverdische
Inseln
Mittelamerika
Afrika
her
n
Südamerika
St. Helena
Sta. Catarina
Osterinsel
Talca-
huano
Kapstadt
Kap Horn
Hinreise
Rückreise

Eine Regel der Schiffsordnung, die ihm die Arbeit ungeheuer erschwerte, war das Verbot, »das Geringste außerhalb des jedem gehörigen Raums« liegenzulassen. Daran konnte er sich nicht halten, denn wo sollte er seine Pflanzen trocknen wenn nicht an Deck? Daraufhin forderte der Kapitän, das Sammeln überhaupt zu unterlassen, weil das Schiff dazu nicht eingerichtet sei. Statt dessen sollte der Maler die Pflanzen zeichnen.

Daraus wurde nichts, denn erstens war das Sammeln der Pflanzen ein wesentlicher Bestandteil von Chamissos Arbeit und keineswegs durch Zeichnungen zu ersetzen, und zweitens protestierte Choris, er habe nur vom Kapitän selbst Befehle zu empfangen und stehe keineswegs dem Naturforscher zur Verfügung.

Chamissos Selbstvertrauen war aber inzwischen unerschütterlich, und er ließ sich in Zukunft keineswegs davon abhalten, gut gemeinte, wenn auch in der Regel unerwünschte Ratschläge zu erteilen: »Ich hatte mich vorsorglich über das Prinzip und den Bau der Filtrierfontaine belehrt (eines Geräts zur Destillation von Seewasser), und erbot mich, eine solche zu verfertigen. Das zur ungünstigen Zeit geschöpfte und jetzt schon sehr übelriechende Wasser der Newa, welches wir tranken, schien meinen Antrag zu unterstützen. Nichtsdestoweniger fand er keinen Anklang. Es fehlte an Raum, an Zeit, an andern Erfordernissen, und zuletzt war der Kapitän der Meinung, das Filtrieren werde dem Wasser die nahrhaften Teile entziehen und es weniger gesund machen. Ich sah ein, daß ich die Sache fallenlassen müsse.«

Von Plymouth aus fuhren sie weiter nach Santa Cruz auf Teneriffa. Unterwegs hatten sie fast fünf Tage lang völlige Windstille. »Das Meer ebnete sich zu einem glatten Spiegel, schlaff hingen die Segel von den Rahen, und keine Bewegung war zu spüren... Soll meine Phantasie ein Bild erschaffen, gräßlicher als der Sturm, der Schiffbruch, der Brand eines Schiffes zur See: so bann sie auf hoher See ein Schiff in eine Windstille, die keine Hoffnung, daß sie aufhören werde, zuläßt.«

Chamisso nutzte diese Zeit nicht nur damit, seine Phantasie spielen zu lassen oder den eigenen Schatten zu beobachten, den er »zu seinen Füßen kreisen und bald zu der einen, bald zu der anderen Seite seines Körpers fallen sah«. Zusammen mit Eschscholtz betrieb er intensive zoologische Studien. Sie fingen Meerestiere, die von der Sonne an die Meeresoberfläche gelockt wurden. Besonders interessierten Chamisso die Salpen, etwa zehn Zentimeter lange, frei schwimmende, glasig durchsichtige Meerestiere. Bei der Beobachtung der Salpen machte Chamisso eine Entdeckung, die ihm später in Berlin die Ehrendoktorwürde eintrug. Er stellte fest, daß die später so genannten Salpenketten und die einzeln schwimmenden Tiere Erscheinungsformen ein und derselben Art sind: Einzeln schwimmende Tiere pflanzen sich durch »polypenartig aneinandergekettete Junge« fort, die wiederum einzelne Tiere zur Welt setzen, in denen sich die Form der vorvorigen Generation wiederholt.

Fasziniert beobachtete Chamisso: »Es ist, als gebäre die Raupe den Schmetterling und der Schmetterling die Raupe.« In einem Brief an de la Foye stellte er fest: »...es setzt etwas Neues.«

Tatsächlich wurde seine Entdeckung des Generationswechsels der Salpen ein Baustein für die Lehre der Evolution, der Entwicklung der Organismen im Lauf der Erdgeschichte. Noch 1985 stellte der Baseler Biologe Adolf Portmann in einem Vortrag fest, durch diese Entdeckung habe Chamissos Weltumseglung eine ähnliche Wirkung gehabt wie Darwins Weltreise.

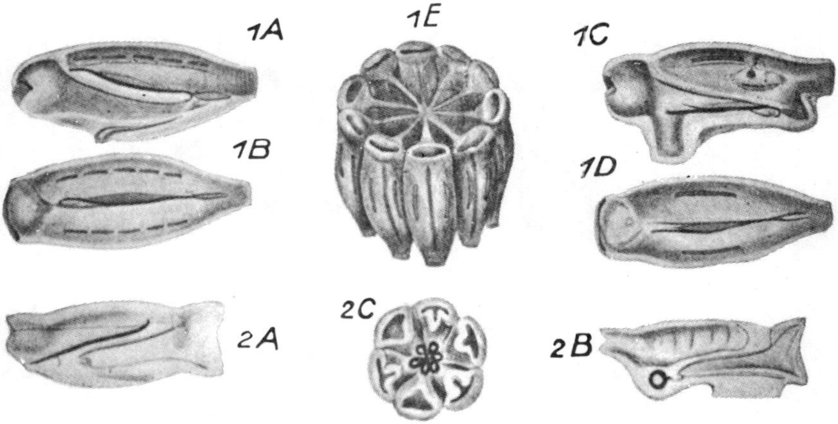

Eine Entdeckung, die zum Baustein der Evolutionstheorie wurde: der Generationswechsel der Salpen
Salpen (Manteltiere) nach Zeichnungen von Chamisso. 1 *Salpa Pinnata;* A *Einzelform von der linken Seite, mit Foetus;* B *dieselbe von oben;* C *Kettenform von der linken Seite, mit Foetus;* D *dieselbe von oben, ohne Foetus;* E *Zehn Kettentiere schwimmend.* 2 *Salpa Affinis;* A *Einzelform von rechts;* B Kettentier von rechts; C *Kette von 6 Tieren, vorderer (beim Schwimmen oberer) Teil*

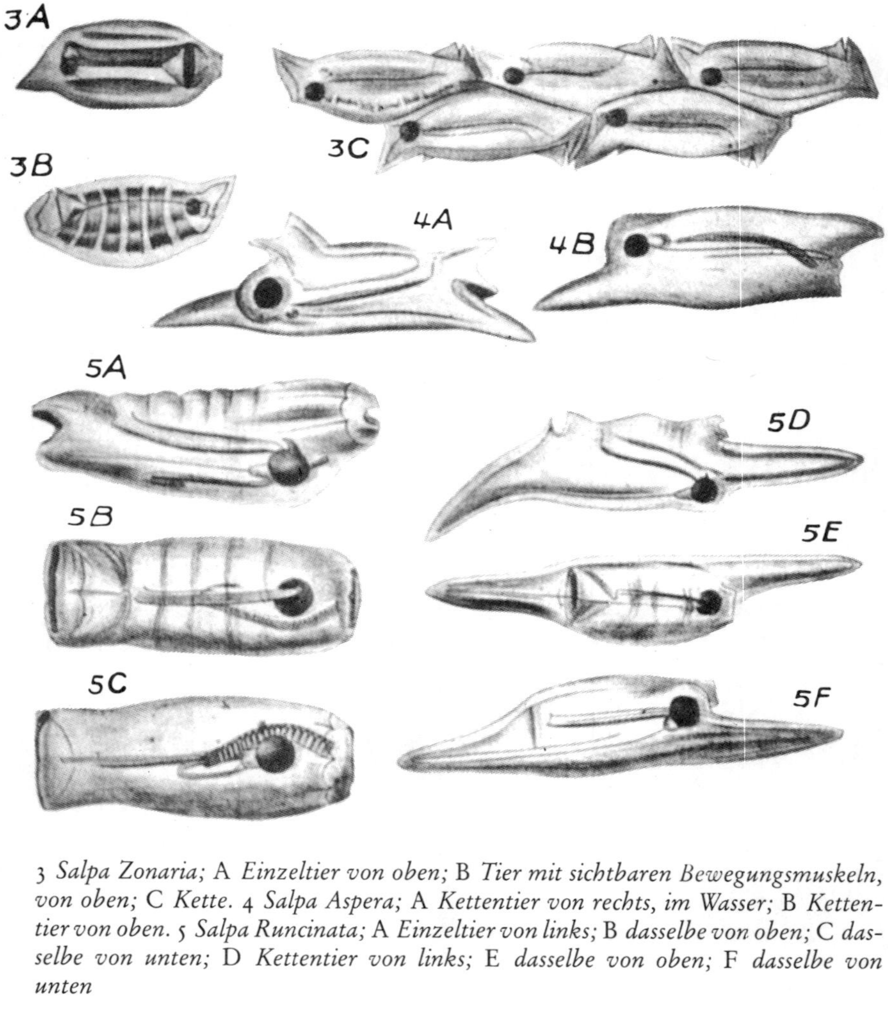

3 *Salpa Zonaria;* A *Einzeltier von oben;* B *Tier mit sichtbaren Bewegungsmuskeln, von oben;* C *Kette.* 4 *Salpa Aspera;* A *Kettentier von rechts, im Wasser;* B *Kettentier von oben.* 5 *Salpa Runcinata;* A *Einzeltier von links;* B *dasselbe von oben;* C *dasselbe von unten;* D *Kettentier von links;* E *dasselbe von oben;* F *dasselbe von unten*

Hatte Chamisso zu Eschscholtz immer ein sehr gutes kollegiales und freundschaftliches Verhältnis, so kam es bald zu Differenzen mit dem zweiten Botaniker an Bord. Wormskiold hatte bereits Forschungsreisen nach Norwegen und Grönland unternommen und beteiligte sich an dieser Reise als Freiwilliger ohne jeden amtlichen Auftrag. Chamisso, der nur zwei Jahre ältere offiziell beauftragte Naturforscher der Reise, war ihm in Kopenhagen »zutrauensvoll mit offenen Armen« entgegengekommen, froh darüber, eine Hilfe zu haben.

Bald jedoch stellte sich heraus, daß an eine harmonische Zusammenarbeit mit Wormskiold nicht zu denken war. Die Eifersüchteleien und Spannungen gingen Chamisso offenbar sehr nahe, denn noch viele Jahre später berichtet er im *Tagebuch* nur schweren Herzens davon.

»Ich habe mit meinem treuen Eschscholtz immer gemeinsam studiert, beobachtet und gesammelt. Wir haben in vollkommener Eintracht nie das Mein und Dein gekannt; es mochte sich einer nur an der eigenen Entdeckung freuen, wann er den andern zum Zeugen, zum Teilnehmer gerufen hatte. – Warum muß ich's sagen? mit dem Lieutenant Wormskiold war es nicht so. Er hatte eine eifersüchtelnde Nebenbuhlerschaft, die leider unter den Gelehrten nicht unerhört ist, dem Verhältnis, das ich ihm angeboten hatte, und das ich mit Eschscholtz eingegangen war, vorgezogen. Daß er mich für einen Naturphilosophen hielt, die bei ihm nicht gut angeschrieben waren, mochte ihn von mir entfernt haben; er mochte auch glauben, zu sehr im Vorteil zu sein, um sich nicht aus einer Gemeinschaft zurückzuziehen, worin er mehr eingebracht, als eingeerntet hätte.«

Von den Kanarischen Inseln ging die Fahrt nach San Caterina in Brasilien. Auf der Weiterfahrt nach Chile gab es einen sechs Tage wütenden Sturm. Der Kapitän wurde über Bord gespült, blieb aber zum Glück im Tauwerk hängen und konnte sich wieder an Deck schwingen. Die »Rurik« wurde stark beschädigt, auch das Steuerruder. Die Wellen spülten einen Hühnerkasten mit vierzig Hühnern ins Meer, und unter Deck eindringendes Wasser verdarb eine große Menge Zwieback. Während die schlimmsten Schäden am Schiff bald wieder ausgebessert werden konnten, blieb der Verlust an Lebensmitteln bis zum nächsten Hafen unersetzlich.

»Das Essen gewinnt auf einem Schiffe eine Wichtigkeit, von der man sich auf dem Lande nichts träumen läßt; es ist ja das einzige Ereignis im täglichen Leben. Wir waren in der Hinsicht übel dran. Der ›Rurik‹ war zu klein, um andere Tiere aufnehmen zu können als etliche Schweine, Schafe oder Ziegen und Geflügel. Unser Bengaleser war… ein Mann ohne Phantasie; die Mahlzeit, die er uns am ersten Tag nach dem Auslaufen auftischte, wiederholte sich ohne Abwechslung die ganze Zeit der Überfahrt, nur daß die mitgenommenen frischen Lebensmittel, bald auf die Hälfte reduziert, am Ende gänzlich wegblieben. Verbot man dem verrückten Kerle, ein Gericht, dessen man überdrüssig geworden, wieder aufzutragen, so bat er mit Weinen um die Vergünstigung, es doch noch einmal machen zu dürfen.«

Schlimmer als das schlechte Essen war für Chamisso weiterhin die Behinderung seiner wissenschaftlichen Arbeit. Wenn schon der Kommandant so wenig Verständnis dafür aufbrachte, konnte er es von den anderen noch viel weniger erwarten. Die Matrosen sahen offenbar keinerlei Sinn darin, Pflanzen zu sammeln, zu trocknen und aufzubewahren. Während des Aufenthaltes in Brasilien beispielsweise regnete es, ungewöhnlich für diese Jahreszeit, fast ständig. Chamisso hatte seine Pflanzen in einem Zelt untergebracht, in dem einige von der Schiffsbesatzung schliefen. Erbittert schreibt er im *Tagebuch:* »Die vom Schiffe, welche unter dem Zelte schliefen, Maler, Steuermann und Matrose, bedienten sich meiner Pflanzenpakete zur Einrichtung ihres Lagers und als Kopfkissen. Ich war darum nicht befragt worden und hätte mich der eingeführten Ordnung zu widersetzen vergeblich versucht. Das Zelt ward aber in einer stürmisch regnichten Nacht umgeworfen, und das erste, woran jeder bei dem Unfall dachte, war eben nicht, meine Pflanzenpakete ins Trockene zu bringen. Ich verlor auf die Weise nicht nur einen Teil meiner Pflanzen, sondern auch einen Teil meines Papiers – ein unersetzlicher Verlust, und um so empfindlicher, als mein Vorrat nur gering war...«

Ein anderes Mal mußte er feststellen, daß mehrere Bruchstücke fossilen Elfenbeines in der Nacht dazu benutzt worden waren, das Lagerfeuer zu unterhalten. Er konnte froh sein, daß wenigstens der Hauer, der Molarzahn und das Bruchstück des Mammutzahns verschont geblieben waren. Diese Funde schenkte er später dem Berliner Mineralogischen Museum. »Schildwacht hab ich dabei stehen und selber die Last bis ins Boot tragen müssen«, beschwert er sich. »Jede Hilfe und selbst ein schützendes Wort wurde mir verweigert.«

Andererseits erwartete man von ihm, daß er als Naturwissenschaftler in allen Bereichen einsetzbar war, selbst dort, wo er nur über Grundkenntnisse verfügte. So eröffnete ihm der Schiffsarzt eines Tages, bei dem erkrankten Leutnant Sacharin sei ein komplizierter chirurgischer Eingriff nötig und er rechne fest mit Chamissos Hilfe. »Es war, ich gestehe es, einer der ernstesten

Kalifornische Indianer im Tanzschmuck
Gezeichnet und lithographiert von Choris

Momente meines Lebens, als nach empfangenen Instruktionen und getroffenen Vorbereitungen ich mit Eschscholtz an das Bette des Kranken trat und zu mir selber sagte: ›Fest und aufmerksam! Von deiner unerschütterlichen Kaltblütigkeit hängt hier ein Menschenleben ab.‹ Als aber zu dem blutigen Werke geschritten werden sollte, fand der Doktor die Umstände, und zwar zum Bessern, verändert. Die Operation unterblieb, und der Kranke erholte sich wirklich und konnte in der Folge seinen Dienst wieder versehen.«

Ende Januar umschifften sie Kap Horn und kamen bald darauf nach Talcahuano in der Bucht von Concepción, in Chile, wo nach Chamissos Worten ihre eigentliche Forschungsreise begann: Quer durch den Pazifischen Ozean, vorbei an Salas y Gomez, den Osterinseln und der Ratak-Gruppe, bis zu dem russischen Hafen Petropawlowsk auf Kamtschatka, den man am 19. Juni erreichte. Hier blieben sie fast einen Monat lang, um das Schiff zu überholen und neue Vorräte an Bord zu nehmen. Dabei gerieten offenbar einige Ratten mit auf die »Rurik«, die ihnen schnell zum Verhängnis hätten werden können, wären sie nicht rechtzeitig entdeckt worden.

Königin Kuhamanu von O-Waihi
Lithographiert von Norblin nach einer Zeichnung von Choris

Am 17. Juli begann die »Sommercampagne 1816«: Bei günstigem Wind segelte die »Rurik« durch die Beringstraße auf das amerikanische Festland zu, um das nördliche Alaska zu erkunden. Anfang August glaubte Kotzebue in einer bis weit ins Land hinein führenden Wasserstraße die nordöstliche Durchfahrt entdeckt zu haben; es handelte sich jedoch um eine abgeschlossene Bucht, die noch heute als »Kotzebue-Sund« auf den Landkarten eingetragen ist. Eine im Inneren der Bucht gelegene Insel wurde nach Chamisso benannt. Mitte August verließen sie die nördliche Region und segelten nach Unalaschka auf den Aleuten (einer Inselgruppe zwischen dem Beringmeer und dem Pazifischen Ozean). Dort sollte die Ausrüstung für das nächste Jahr beschafft werden. Die Zeit des nordischen Winters wollten sie dann in »Sommerlanden« verbringen – teils, um der Mannschaft die erforderliche Erholung zu gönnen, teils, um dort einige geographische Untersuchungen vorzunehmen.

Nach dem damals noch spanischen San Francisco, das sie von Unalaschka aus angesteuert und wo sie sich knapp einen Monat aufgehalten hatten, ging die Fahrt weiter bis zu den Sandwich-Inseln (der Inselgruppe Hawaii). Chamisso wird froh gewesen sein, dort wieder festen Boden unter den Füßen zu haben, denn sobald sie den Hafen San Franciscos verlassen hatten, waren sie in einen solchen Sturm gekommen, daß sogar alte Matrosen und selbst der Kapitän seekrank wurden. Chamisso berichtete, er sei fast immer seekrank gewesen: »Teilnahmslos mag man nur in der Koje liegen oder oben auf dem Verdecke, am Fuße des großen Mastes, sich vom Winde anwehen lassen, wo näher dem Mittelpunkte der Bewegung dieselbe unmerklicher wird. Die eingeschlossene Luft der Kajüte ist unerträglich, und der bloße Geruch der Speisen erregt einen unsäglichen Ekel. Obgleich mich der Mangel an Nahrung, die ich nicht bei mir halten konnte, merklich schwächte, verlor ich dennoch nicht den Mut. Ich ließ mir von andern erzählen, die noch mehr gelitten als ich, und von Nelson, der nie zur See gewesen, ohne krank zu sein.«

Ehe sie in den Hafen der weiter westwärts liegenden Insel Oahu einlaufen konnten, mußten sie sich auf O-Waihi (der Hawaii-Insel) in einem nördlich von Kealakekua gelegenen Ort dem König vorstellen. Kotzebue schickte Chamisso, Choris und Eschscholtz in einem kleinen Boot an Land, begleitet von John Elliot de Castro, der in San Francisco aufs Schiff gekommen und früher Leibarzt des Königs Tameiameia gewesen war.

»Am Ufer war ein zahlreiches Volk in Waffen. Der alte König, vor dessen Wohnung wir landeten, saß auf einer erhabenen Terrasse von seinen Weibern umringt in seiner volkstümlichen Tracht, dem roten Maro (Schamgürtel) und der schwarzen Tapa (dem weiten schönfaltigen Mantel von Bastzeuge). Nur Schuhe und einen leichten Strohhut hatte er von den Europäern erborgt. Den schwarzen Mantel tragen nur die Vornehmen; das färbende Harz verleiht dem Zeuge die Eigenschaft, nicht naß zu werden. Vor dem Könige sitzt jeder Untergeordnete niedriger als er, mit entblößten Schultern. Der alte Herr nahm seinen Arzt gern wieder auf, jedoch ohne überströmende Freude, und ließ sich von ihm über den friedlichen Zweck unserer Expedition belehren; dann richtete er an uns den Friedensgruß, drückte uns die Hand und lud uns ein, ein gebackenes Schwein zu verzehren ... Wir verschoben die Mahlzeit bis zur Ankunft des Kapitäns; Eschscholtz und ich begehrten botanisieren zu gehen, während Choris blieb und den König zu zeichnen sich erbot. Tameiameia gab uns zu unserm Schutz einen Edeln seines Gefolges mit und warnte uns vor der großen Aufregung des Volkes. Dem Maler wollte er nur in europäischen Kleidern sitzen, nämlich in roter Weste und Hemdesärmeln, da er den Zwang des Rockes nicht ertragen mag. Er beauftragte Herrn Elliot, den Kapitän ans Land zu geleiten, und er sandte mit ihm zwei der vornehmsten Häuptlinge, von denen einer gleichsam als Geisel auf dem Schiffe bleiben sollte bis er, der Kapitän, an seinen Bord zurückgekehrt sei.«

Am 14. Dezember verließ die »Rurik« die Sandwich-Inseln und nahm Kurs auf die damals von den Europäern noch nicht erforschte Ratak-Gruppe im östlichen Bereich der Marshall-Inseln, wo Chamisso Bekanntschaft mit einem Volk machte, das er besonders liebgewann. »Ich fand bei ihnen reine, unverderbte Sitten, Anmut, Zierlichkeit und die holde Blüte der Schamhaftigkeit.«

Geprägt von den Schriften Rousseaus und dessen Ideal vom natürlichen Menschen, betrachtete Chamisso die Bezeichnung »Wilde« für Angehörige fremder Völker seit jeher als überheblich und unangemessen. In den Südseeinsulanern lernte er nun selbst Menschen kennen, auf die diese Bezeichnung ganz und gar nicht paßte. Anschaulich schildert er die Bewohner der Ratak-Inseln, die damals noch ausschließlich als Sammler, Fischer und Jäger lebten: »Der Europäer, der fern von der Heimat mit Völkern verkehrt, über die er sich im Vorteil fühlt, wird von manchen Anwandlungen dieses Dünkels versucht, denen sich hinzugeben er sich nicht übereilen müßte. Diese Söhne des Meeres, meinte ich, werden sich doch verwundern, wenn sie unser Riesenschiff mit ausgespannten Flügeln, wie den Vogel der Luft, gegen die Richtung des Windes, der es trägt, sich bewegen, in die Befriedung ihrer Riffe eindringen und gegen ihre Wohnsitze dort nach Osten fortschreiten sehen. Und siehe! ich habe selber verwundert sehen müssen, daß, während wir schwerfällig lavierten und wenig über den Wind gewannen, sie auf ihren kunstreichen Fahrzeugen den graden Strich hielten, den wir auf krummen Wegen verfolgten, uns voran eilten und das Segel fallen ließen, um uns zu erwarten. ... Bei unserem Nahen traten die Weiber in das Dickicht zurück, die Männer, erst nur wenige, kamen uns zögernd mit grünen Zweigen entgegen; wir brachen auch grüne Zweige; der schon oft gehörte Friedensgruß ›Eidara!‹ ward uns zugerufen, und wir erwiderten ihn auf gleiche Weise. Keine Waffe war

Die Delegation der »Rurik« auf den Sandwich-Inseln, mit Chamisso

Chamisso in der Südsee. Nach einem Gemälde von Choris

Kadu. Chamissos Freund und Reisegenosse auf Ratak

gegen uns, die gefürchteten Fremden, in Bereitschaft gehalten. Nachdem wir mit den ersten Freundschaft gestiftet, kamen die andern herbei, und die Weiber wurden herbeigerufen. Die Menschen schienen uns freudig, freundlich, bescheiden, freigebig und nicht erpicht auf Gewinn ... Während unseres langen Aufenthaltes auf Radack sind nur ein paar Diebstahlsversuche an uns begangen worden. Wahrlich, wenn Fremde unbesorgt so viel Gold der Habsucht unseres Pöbels aussetzten, würden sie den Europäern kein so gutes Zeugnis der Ehrlichkeit zu sprechen haben als wir diesem Volke.«

Chamisso war immer bemüht, nicht nur zu beobachten, sondern sich auch vorzustellen, welchen Eindruck er selbst und die Fremden auf dem Kriegsschiff erwecken mußten: »Zu Hamburg kam ich einmal unvorbereitet in ein Haus, auf dessen langem Flur zu beiden Seiten blanke Silberbarren mannhoch aufgespeichert waren. Mich ergriff seltsam die darin schlummernde Macht, und es war mir, als schritte ich durch ein überfülltes Pulvermagazin. Natürlich mußte Ähnliches in unsern Freunden vorgehen, wenn sie unsere eisernen Kanonen und Anker betrachteten.«

Auf Aur, einer zur Ratak-Gruppe gehörenden Insel, lernte er Kadu kennen, einen jungen Bewohner der Karolineninseln, den es nach Aur verschlagen hatte. Er ging mit an Bord und wurde für Chamisso ein unersetzlicher Berater bei seinen sprachlichen und völkerkundlichen Aufzeichnungen. Chamisso bezeichnet ihn nicht nur als seinen Freund, sondern als den besten Charakter, den er je getroffen, und als Menschen, den er von allen am meisten geliebt habe. Zwei Charaktereigenschaften Kadus hebt er besonders hervor: »...seinen tief eingewurzelten Abscheu vor dem Kriege, dem Menschenmord, und die zarte Schamhaftigkeit... die er unter uns nie verleugnet hat.«

Wo Chamisso auch immer Angehörige fremder Völker traf, kam er ihnen mit Offenheit, Sympathie und Respekt entgegen. Er erkundete ihre Sitten und Gebräuche, lernte ihre Sprache und fand dabei überall Freunde. Seine Sprachbegabung war ihm bei diesen Kontakten eine große Hilfe.

Die Sprache, die auf Ratak gesprochen wurde, lernte er so gut, daß er Lieder der Eingeborenen (*Lieder von Radack*) sammelte, Wörter- und Dialektverzeichnisse anlegte und später damit begann, ein Wörterbuch zu schreiben.

Die religiösen Vorstellungen und kultischen Bräuche auf Ratak wurden nur durch Chamissos Aufzeichnungen der Nachwelt wenigstens teilweise überliefert. Das meiste der eigenständigen, lebendigen Kultur, die er auf Ratak vorfand, fiel wenig später dem Wirken der christlichen Mission zum Opfer.

Zur durchaus zwiespältigen Rolle der Missionare hat sich Chamisso mehrfach kritisch geäußert und damit eine zu seiner Zeit sicher wenig populäre Meinung vertreten. So schrieb er über seine Beobachtungen in San Francisco: »Wir verkennen nicht die Milde, die väterliche Sorgsamkeit der Missionare, deren wir verschiedentlich Zeuge gewesen. Das Verhältnis bleibt aber das aufgestellte, und würde, wie uns dünkt, fast nur dem Namen nach ein anderes sein, wenn der Herr von *Sklaven* sie zur Arbeit anhielte und nach Willkür vermietete; ernähren würde er sie ebenfalls... Die Verachtung, welche die Missionare gegen die Völker hegen, an die sie ausgesandt sind, scheint uns bei ihrem frommen Geschäft ein unglücklicher Umstand zu sein. Keiner von ihnen scheint sich um deren Geschichte, Bräuche, Glauben, Sprache bekümmert zu haben... Jedes Bruchstück der Geschichte des Menschen hat Wichtigkeit.«

Am 13. März 1817 lichtete die »Rurik« vor den Ratak-Inseln die Anker, und sechs Tage später sah man das letzte zu Polynesien gehörende Riff. Nun

Airik, Insel der Ratak-Gruppe Kaben
Aus Kotzebues Werk über die Expedition. Zeichnung von Choris

wandten sie sich dem Norden zu. Die Tage wurden länger, und eine empfindliche Kälte setzte ein. Der Himmel war neblig grau, das Meer nicht mehr azurblau, sondern schmutziggrün.

Von Unalaschka aus sollte es nun endlich nach Norden ins Eis gehen, um das eigentliche Ziel der Expedition zu erreichen: die Entdeckung der nordöstlichen Durchfahrt. Doch es kam anders. Nachdem sie am 10. Juli auf das südliche Vorgebirge der St.-Lorenz-Insel zugesteuert waren, informierte der Kapitän die Besatzung darüber, daß er das Ziel der Reise wegen seiner angegriffenen Gesundheit aufgeben und in die Heimat zurückkehren müsse.

Chamisso hatte für diese Entscheidung kein Verständnis, obwohl der schlechte Gesundheitszustand des Kapitäns außer Zweifel stand. Seiner Meinung nach hätte Kotzebue das Kommando dem nach ihm ranghöchsten Offizier, Leutnant Schischmareff, übergeben sollen. Dieser Vorwurf wurde später auch in einem anonymen Artikel in »The Quarterly Review« geäußert, der den Abbruch der Expedition kritisierte. Chamisso äußerte sich zustimmend zu diesem Punkt der Kritik, verwahrte sich aber entschieden gegen die Vermutung, der Schiffsarzt Eschscholtz habe den Kapitän aus nicht ganz uneigennützigen Gründen davor gewarnt, die Reise fortzusetzen. Er habe wohl wenig Neigung gehabt, sich den bereits sichtbaren Eismassen zu nähern; und außerdem sei offenbar auch die übrige Besatzung zu dem Schluß gekommen, der weiteste Umweg wäre der nächste Weg nach Hause.

Chamisso versichert, daß er selbst Kotzebues Befehl »mit schmerzlicher Entrüstung« vernahm, sich jedoch den Instruktionen fügen mußte. »Ein Passagier eines Kriegsschiffes, wo man nicht gewohnt ist, welche zu haben, hat keinerlei Ansprüche zu machen.«

Nach einem letzten Aufenthalt in Unalaschka führte die Rückfahrt wieder nach Hawaii und nach Ratak, wo Chamisso nochmals ausgiebig Gelegenheit hatte, den Zauber der polynesischen Inselwelt auf sich wirken zu lassen. Danach ging es über Guam, die größte und südlichste Insel der Marianen, nach Manila, der Hauptstadt der Philippinen. Dort wurde Chamisso das einzige Mal auf der Reise ernsthaft krank. Er hatte hohes Fieber und Durchfall, erholte sich aber ohne besondere Behandlung.

Von Manila aus segelten sie durch den Indischen Ozean nach Kapstadt und von dort an St. Helena vorbei nach Portsmouth. Kotzebue hatte in St. Helena, dem Verbannungsort Napoleons, anlegen und als Kapitän eines russischen Schiffs die Post des russischen Komissars an Bord nehmen wollen, wurde jedoch abgewiesen.

Den Aufenthalt in England nutzte Chamisso zu einem längeren Besuch Londons, einer Stadt, die ihn ungeheuer faszinierte. Er besuchte Museen, Herbarien, Gärten und Bibliotheken und lernte mehrere Gelehrte kennen, von denen er Hilfe und Anregungen erhielt. Besonders beeindruckt war er von der liberalen Atmosphäre, die in der britischen Hauptstadt herrschte: »Auf dem öffentlichen Markte bewegt sich in England das öffentliche Leben mit Parlamentswahlen, Volksversammlungen, Aufzügen, Reden aller Arten. – Was hinter Mauern gesprochen wird, hallt auf den Straßen nach, die zu allen Zeiten von Ausrufern, von Ausstreuern von Flug- und Zeitschriften, nachts von transparenten Bildern und Inschriften durchströmet werden. Die Mauern von London mit ihren politischen Plakaten sind für den Fremden, der seinen Augen nicht traut, das märchenhaft wundersamste, das unglaublichste Buch, das er je zu sehen bekommen kann. Und diese heiligen Freiheiten sind es, die das Gebäude sicher stellen, indem sie jeglicher Kraft, und auch der zerstörenden, ihr freies Spiel in die Lüfte hin zugestehen.«

Nur unter solchen Voraussetzungen sei es möglich, die notwendige Revolution, die sich in England gerade vollziehe, und »die längst schon jeden andern Boden mit schauerlichem, aus Staub und Blut gemischtem Schlamme überspült hätte, als ruhige Evolution zu gestalten«.

Im krassen Gegensatz dazu sah er St. Petersburg, in dessen Hafen die »Rurik« Anfang August einlief und auf der Newa vor dem Hause des Grafen Rumjanzow die Anker warf: »In St. Petersburg darf kein Erzeugnis der Presse den Augen des Volkes ausgestellt werden.« Außerdem machte er hier Bekanntschaft mit der russischen Polizei und Bürokratie. Da er keinen Paß hatte, sollte er zunächst nicht bleiben dürfen. Indessen hatte er in der preußischen Gesandschaft »vorläufig einen Schutz«, durfte dann aber erst nach zahlreichen Formalitäten abreisen. Inzwischen löste sich die Expeditionsgesellschaft auf. »Alles was zu meinem Gebrauch an Instrumenten und Büchern auf Rechnung der Expedition angeschafft worden, wurde mir, wie jedem von uns, abgefordert. Ich blieb hingegen im Besitz dessen, was ich gesammelt hatte. Ich wurde entlassen, die von mir geforderten Denkschriften in Berlin zu vollenden. – Der Rurik ward verkauft.«

Segelschiff der Rataker (von der Seite und von vorn)
Gezeichnet und lithographiert von Choris

Erst Ende September konnte Chamisso das als »halszuschnürend« empfundene zaristische Rußland verlassen und nach Deutschland zurückkehren. Gleichsam als politische Quintessenz seiner Weltreise schreibt er im *Tagebuch:* »Ich habe sehr verschiedene Zustände der Gesellschaft kennengelernt und unter verschiedenen Gestaltungen derselben gelebt; ich habe Nachbarvölker gleichen Stammes gesehen, von denen diese frei und jene hörig genannt werden konnten, ich habe nimmer den Despotismus zu loben einen Grund gefunden.«

Am 31. Oktober 1818 war Chamisso endlich wieder in Berlin. Schon aus England hatte er an Hitzig geschrieben: »Ich kehre dir zurück, der sonst ich war, ganz – etwas ermüdet, nicht gesättigt von dieser Reise – bereit noch, unter den oder den Umständen wieder in die Welt zu gehen.«

10 Der Weltbürger kehrt zurück

Anerkennung als Forscher: Ehrendoktor der Berliner Universität. Wissenschaftliche Auswertung der Expedition und Gelegenheitsgedichte. »Amt und Würden«, Heirat und Familienglück

I*ch raffte mich auf, um ohne Zögern mit flüchtigem Überblick Besitz von dem Felde zu nehmen, wo ich künftig ernten wollte. – Ich stand auf den Höhen des Tibet, und die Sonne, die mir vor wenigen Stunden aufgegangen war, neigte sich hier schon am Abendhimmel, ich durchwanderte Asien von Osten gen Westen, sie in ihrem Lauf einholend, und trat in Afrika ein. Ich sah mich neugierig darin um, indem ich es wiederholt in allen Richtungen durchmaß. Wie ich durch Ägypten die alten Pyramiden und Tempel angaffte, erblickte ich in der Wüste, unfern des hunderttorigen Theben, die Höhlen, wo christliche Einsiedler sonst wohnten. Es stand plötzlich fest und klar in mir, hier ist dein Haus. – Ich erkor eine der verborgensten, die zugleich geräumig, bequem und den Schakalen unzugänglich war, zu meinem künftigen Aufenthalte und setzte meinen Stab weiter.*

Peter Schlemihls wundersame Geschichte

Es ist die alte, gute Geschichte«, schreibt Thomas Mann, »Werther erschoß sich, aber Goethe blieb am Leben. Schlemihl stiefelt ohne Schatten, ein ›nur seinem Selbst lebender‹ Naturforscher, grotesk und stolz über Berg und Tal. Aber Chamisso, nachdem er aus seinem Leiden ein Buch gemacht, beeilt sich, dem problematischen Puppenstande zu entwachsen, wird seßhaft, Familienvater, Akademiker, wird als Meister verehrt. Nur wenige Bohemiens finden das langweilig. Man kann nicht immer interessant bleiben. Man geht an seiner Interessantheit zugrunde, oder man wird ein Meister.«

Damit umreißt Thomas Mann im wesentlichen die zukünftige Entwicklung des heimgekehrten Weltumseglers. Bald nach seiner Ankunft saß er schon wieder in seinem alten Winkel auf Hitzigs Kanapee, als wäre er nie weggewesen. Allerdings war er noch keineswegs entschlossen, endgültig zu bleiben. Sobald die wissenschaftliche Auswertung der Reise beendet war, konnte er sich durchaus vorstellen, wieder auf Fahrt zu gehen, ausgestattet mit dem Wissen und den Erfahrungen der ersten Expedition.

Auch war sein Ärger über die vom Kapitän befohlene vorzeitige Umkehr noch nicht verraucht. »Wir haben Gutes getan, wir hätten mehr, wir hätten weniger tun können. Man muß zufrieden sein, wo der Graf es ist, denn Er bezahlt und sonst niemand ... Über das Geleistete hat ... Kotzebue mit Romanzoff abzurechnen. – Unsere Marschroute ist vielfältig angezeigt worden, die zweite Kampagne nach Norden wurde ohne Beratung aufgegeben, und so ward ein Jahr von den dreien verloren.«

Daß er schließlich doch noch in der preußischen Hauptstadt Fuß faßte und dort eine Existenz gründete, dürfte er später kaum bereut haben. Allenfalls leises Bedauern klingt in dem Brief an, in dem er 1823 dem Freund de la Foye von einer neuen, weit besser ausgerüsteten Expedition Kotzebues mit demselben Forschungsziel wie damals berichtet. Eine nordöstliche Durchfahrt zum Atlantischen Ozean wurde jedoch auch von dieser Expedition nicht gefunden.

Das Haus der »Gesellschaft Naturforschender Freunde zu Berlin« in der Französischen Straße 29. Nach seiner Weltreise wurde Chamisso 1819 zum Mitglied berufen

Ähnlich wie der von ihm verehrte Alexander von Humboldt war Chamisso nach der Weltreise die letzten zwanzig Jahre seines Lebens damit beschäftigt, seine umfangreichen Sammlungen zu ordnen und wissenschaftlich auszuwerten – allein sein Herbarium soll zweitausendfünfhundert Pflanzen umfaßt haben.

Endlich kam nun auch die Anerkennung der Fachwelt. Schon bald erschienen botanische und zoologische Arbeiten von ihm in den entsprechenden Fachzeitschriften. Für seine Entdeckung des Generationswechsels der Salpen wurde er am 20. März 1819 von der Berliner Universität zum Ehrendoktor der Philosophie ernannt. Zwei Wochen später berief man ihn als Mitglied der Gesellschaft Naturforschender Freunde in Berlin, und unter dem Beinamen »Jason« wurde er im Oktober des Jahres zum Mitglied der Wiener Akademie ernannt.

Chamisso handelte sich allerdings mit seiner Entdeckung nicht nur Ehrungen, sondern auch überaus scharfe Angriffe ein. Man bezeichnete ihn als einen »Dichter und Romanschreiber, der seine Tagträume in die Welt der Wirklichkeit einführt«. Die »wunderbare Welt der Salpae« gehöre nicht in die Wissenschaft, sondern ins Reich der Phantasie. Er selbst erkannte übrigens die volle Tragweite seiner Entdeckung nie und hielt an der Lehre von der Unveränderbarkeit der Arten in der Natur fest, die Darwin später mit seiner Evolutionstheorie widerlegte.

Große Hoffnungen setzte Chamisso auf seine geographischen, geologischen und völkerkundlichen Betrachtungen, die unter dem Titel *Bemerkungen und Ansichten* als wissenschaftliche Ergänzung von Kotzebues Reisebeschreibung veröffentlicht werden sollten. Doch Monat um Monat verging, ohne daß er eine positive Nachricht erhielt. »Der arme Kapitän weiß nicht, woran er ist, und weiß von dem hellen lichten Tage nichts«, schrieb er im Frühjahr 1819 an de la Foye. »Ich hatte Dich ihm zu einer französischen Übersetzung vorgeschlagen, er hat darauf nicht geantwortet, es ist die Sache ein Wespennest. Ich habe Manuskript zu bald einem halben Bande abgeliefert – aber ich habe noch soviel zu verfertigen. Das wird vielleicht einmal (russisch!!!) erscheinen, wenn schon längst alles vergessen ist.«

Seine Ungeduld wuchs, denn mit der Abhandlung wollte er in aktuelle wissenschaftliche Diskussionen eingreifen und erwartete, damit seinen Namen als Wissenschaftler zu festigen.

Als die *Bemerkungen und Ansichten* 1821 endlich als dritter Band von Kotzebues »Entdeckungsreise in die Südsee« erschienen, fand der Autor das Buch in jeder Beziehung enttäuschend: »Was ich geschrieben, war von unzähligen, sinnzerstörenden Druckfehlern an vielen Stellen verfälscht und unverständlich; und dieselben in einem Errata anzuzeigen, wurde mir bestimmt abgeschlagen... Die Verlagshandlung hatte die Aussicht auf eine französische Übersetzung, die ein mir befreundeter Gelehrter besorgen wollte, vereitelt, indem sie die zu diesem Behuf begehrten Aushängebogen verweigerte. Endlich warf noch über das erscheinende Buch Sands unselige Tat ihren düstern Schatten und ließ nur den Namen, den es an der Stirne trug, im Lichte der Parteien schimmern.«

Mit »Sands unseliger Tat« spielte er auf den Mord an dem Schriftsteller August von Kotzebue an. Der Vater des Kapitäns war am 23. März 1819 in

Bemerkungen und Ansichten

auf einer

Entdeckungs-Reise

Unternommen in den Jahren 1815 — 1818

auf Kosten

Sr. Erlaucht des Herrn Reichs-Kanzlers Grafen Romanzoff

auf dem Schiffe Rurick

unter dem Befehle des Lieutenants der Russisch-Kaiserlichen Marine

Otto von Kotzebue

von dem Naturforscher der Expedition

Adelbert v. Chamisso

Der Philosophie Doctor, der Kaiserlich Leopoldinischen Akademie der Naturforscher, wie auch der Gesellschaften der Naturforscher zu Berlin, zu Moskau, zu Leipzig u. s. w. Mitglied

Τὸ τοῦ πόλου ἄστρον.

Weimar,

verlegt von den Gebrüdern Hoffmann.

1821.

Titelseite von Chamissos Reisebericht

seinem Mannheimer Haus von dem Theologiestudenten Karl Ludwig Sand durch einen Messerstich ins Herz getötet worden. Der Attentäter stand unter dem Einfluß einer radikalen Gruppe der Burschenschaften, die sich die »Unbedingten« nannte und von jedem Mitglied die Bereitschaft zum Mord eines politischen Gegners erwartete.

Entstanden war die Burschenschaftsbewegung aus dem Widerstand gegen die französische Fremdherrschaft, einen ersten Höhepunkt erlebte sie im

Das Fest der Burschenschaften auf der Wartburg

Oktober 1817 mit dem Wartburgfest. Dabei wurde nicht nur der Gedanke der nationalen Einheit beschworen, sondern von einer radikalen Minderheit auch eine symbolische Bücherverbrennung veranstaltet, der unter anderem Schriften Kotzebues zum Opfer fielen.

Wie viele Zeitgenossen hatte Kotzebue, von dem auch noch ein Geheimbericht an die russische Regierung über die Zustände an den deutschen Universitäten veröffentlicht worden war, sich spöttisch über das Burschenschafts(un)wesen geäußert und war deshalb von Sand als Ziel seines Anschlags auserkoren worden. Die überaus zwiespältige Rolle wesentlicher Gruppierungen der Burschenschaften wird deutlich, wenn man die politische Situation in Europa nach dem Wiener Kongreß betrachtet.

Unter dem Vorsitz des österreichischen Staatskanzlers Fürst Metternich, eines kompromißlosen Gegners der Französischen Revolution, war 1815 die politische und soziale Ordnung Europas nach vorrevolutionären Grundsätzen wiederhergestellt worden. Mit Unterstützung Preußens machte Metternich aus dem ebenfalls während des Wiener Kongresses gegründeten Deutschen Bund ein Instrument zur Unterwerfung liberaler Verfassungsbestrebungen. Alle neuen freiheitlichen und nationalen Ideen wurden zurückgedrängt. Die Opposition war weitgehend von den studentischen burschenschaftlichen Vereinigungen getragen. Nun diente das Attentat auf Kotzebue als willkommener Anlaß für die Regierenden, jede bürgerlich-demokratische Oppositionsbewegung zu unterdrücken. Im Herbst 1819 wurden durch die Karlsbader Beschlüsse die Zensurmaßnahmen verschärft und Kommissionen zur Aufdeckung »revolutionärer Umtriebe« gebildet. Eine Welle von Verhaftungen und Hausdurchsuchungen ging durch das Land. Wilhelm von Humboldt mußte als Minister für Verfassungsfragen abtreten, weil er sich gegen die Karlsbader Beschlüsse ausgesprochen hatte. Zensur- und Polizeischikanen bestimmten das von einem Klima gegenseitiger Bespitzelung und Denunziation geprägte geistige und gesellige Leben Berlins in einer Weise, daß Varnhagen von Ense davon sprach, es gebe dort keine öffentliche Meinung mehr, sondern nur noch eine geheime...

Unter diesem politischen Klima litt Chamisso ebenso wie seine Freunde, aber für die nationale Idee war er im Gegensatz zu ihnen weniger denn je zu begeistern. Die dreijährige Reise um die Erde machte ihn schließlich zum Weltbürger, für den Heimat jeweils der Punkt ist, wo sich seine Freunde aufhalten.

Im Gegensatz zu seinem Bruder Hippolyte, der 1814 aufgrund seines königstreuen Verhaltens während der Revolution zum Ritter des St.-Ludwigs-Ordens ernannt worden war und als Familienoberhaupt den Titel Comte de Chamissot trug, empfand Adelbert sich als liberaler *Bürger.* Als aufmerksamer Beobachter der Zeitgeschehnisse las er neben deutschen auch englische und französische Zeitungen und forderte seine Freunde unermüdlich dazu auf, ihm ihre Ansichten zu den politischen Vorgängen in den jeweiligen Ländern mitzuteilen.

Auch in Frankreich, wo die Verfassung des Jahres 1814 den Bürgern größere Freiheiten gewährte, als dies in anderen europäischen Ländern der Fall war, wurden die Stimmen immer lauter, die auf eine Wiederherstellung der alten Zustände drängten. »Daß Ihr Euch zu den Rückgängigen geschlagen habt, setzt mich in große Besorgnis«, schrieb Chamisso im August 1820 an de la Foye. »...ich muß Dir gestehen, daß es mich ordentlich plagt, – ich kehre immer dazu zurück, das öffentliche Leben, das sich zu gestalten anringt, hat meinen Sinn, wie der Blick über das Tal und die wogenden Nebel von der Einsiedelei im Gebirge aus sich ergeht. Auf einer Reise, wie ich eine gemacht, lebt man abwechselnd in verschiedenen Jahrhunderten, und es muß den, der Sinn hat, anregen; was in mir reift, hat auf der Reise in mir geblüht.«

Obgleich sein Freund sich wesentlich zurückhaltender äußerte als er, mochte Chamisso seine Meinung nicht unterdrücken: »Du scheinst die Erörterung gewisser Fragepunkte geflissentlich zu vermeiden. Es sei denn. Aber, mein lieber Freund, wenn Flüche Knochen wären, müßte ich an allen denen ersticken, die mir tagtäglich in dem Rachen stecken bleiben, ohne zu hoffen, daß sich irgend ein Storchschnabel in der Welt finde, der stark genug sei, sie mir herauszuziehen. Aber, aber, es ist noch nicht aller Tage Abend, und ich fürchte und glaube fest, daß endlich Feuersbrünste denen gräßlich leuchten werden, die ihre Augen dem Schein der Sterne verschlossen haben.«

Bezeichnenderweise beschrieb Chamisso seine Grundeinstellung mit Begriffen des englischen Parlamentarismus, indem er die konservativen, königstreuen Tories den liberalen, freiheitlich denkenden Whigs gegenüberstellte: »Die Sachen sind, wie sie sind. Ich bin nicht von den Tories zu den Whigs übergegangen, aber ich war, wie ich die Augen über mich öffnete, ein Whig. – Das alles steht schon im Schlemihl.«

Allerdings führte seine unzweideutige Haltung nicht dazu, daß er sich selbst aktiv am politischen Geschehen beteiligte. Er blieb in der Rolle eines sich umfassend informierenden Beobachters und spielte allenfalls in den ersten Jahren nach seiner Rückkehr aus Zorn über die »Apostolischen«, die Ewiggestrigen, gelegentlich mit dem Gedanken, nach Amerika auszuwandern. Als »Wahlpreuße« glaubte er, sich nicht in die inneren Angelegenheiten seines Gastlandes einmischen zu dürfen. Dies erklärt auch zum Teil, weshalb er dazu neigte, die Verhältnisse in Preußen weniger kritisch zu beurteilen als die in Frankreich. Auf jeden Fall wird er die Entwicklung in seinem Geburtsland mit schärferem Blick verfolgt haben, weil er klar erkannte, daß die für Europa richtungweisenden Veränderungen von dort ausgehen würden.

Ihm sei schon grau ums Haupt und kühl ums Herz, schrieb Chamisso Anfang des Jahres 1819 an de la Foye. »...noch wenige Pendelschwingungen, und ich zähle 40, so gut als 39 bin ich schon«. Nun wolle er es »mit einem Amt und Gehalt versuchen«. Vermutlich werde es seinen Freunden gelingen, ihn beim königlichen Herbarium oder dem Botanischen Garten unterzubringen; damit gelange er »gleichsam auf eine andere Station meiner Reise«. Gleichzeitig ließ er erkennen, wonach er sich neben Amt und Würden jetzt am meisten sehnte: nach der Gründung einer Familie. »... soll ich auf das Leben verzichten oder rasch zugreifen und – nun ja – und heiraten – denn ›weiter bringt's kein Mensch – stell' er sich auch, wie er will.‹« Blieb nur noch die Frage, *wen* er heiraten sollte: »... ja wer das wüßte – ? – Geheiratet haben oder veraltet sind, mit denen ich aufgelebt, und so wandeln aufblühende Jungfrauen umher, auf die aus meinen buschigen Locken mein Blick fällt und – sich doch nicht verklärt...«

Chamisso war nicht der einzige in seinem Freundeskreis, der solche Gefühle hegte, und so mußte er sich beeilen, zumal ihm immer noch kein besonders einnehmendes Wesen nachgesagt wurde. Er sei auch in dieser Beziehung wiedergekommen, wie er gegangen war, berichtet Hitzig, »ein deutscher Bursche, der sich lieber von allem geistreichen Salon-Verkehr als von der Zigarre trennte und nur in äußersten Notfällen zum Rasieren und zum Frack verstand.« Weder habe er sich an den Umgangston der geselligen Zirkel gewöhnen können noch dies überhaupt gewollt. Er blieb wortkarg, selten kam ihm eine gefällige Phrase über die Lippen. Mißfiel ihm aber die Äußerung eines Dritten, auch wenn dessen Rede keineswegs an ihn gerichtet war, so schwieg er zwar, »aber er schnitt dazu Gesichter oder stieß Töne des Unbehagens aus, die dem Sprechenden keinen Zweifel darüber ließen, was in seiner Seele vorging«.

Bald nachdem Chamisso von seiner Reise zurückgekehrt war, heiratete sein Freund Wilhelm Neumann eine Pflegetochter Hitzigs, und als ihm kurz darauf de la Foye mitteilte, er habe ebenfalls geheiratet, schrieb Chamisso ihm: »Das hast Du sehr gut gemacht... Glaube aber nicht, es rühre von Deiner eigenen Weisheit her, und sei darauf nicht stolz – nein, mein Lieber, ich weiß es besser, es steckt jetzt in der Luft.« Ja, es sei geradezu ansteckend geworden. »Unser Neumann zum Beispiel läßt grüßen und sitzt bei der Braut, wo er küßt, küßt, küßt, daß einem angst und bange wird und er selber ganz herunterkömmt... Was mich betrifft, so sehe ich kommen, daß ich im Frühjahr noch das Heiraten, wie im Herbst den Schnupfen be-

1819 heiratete Chamisso …

komme, ich mag mich noch so sehr mit dem Ausgehen in acht nehmen – es hilft nichts.«

Er sollte recht behalten, denn schon am 4. Juni berichtete er wiederum seinem Freund de la Foye, er werde beim Botanischen Garten angestellt und erhalte ein hübsches, dicht dabei stehendes Häuslein als Amtswohnung. Außerdem wolle er baldmöglichst heiraten. Wieder sollte Hitzig der Brautvater sein, denn auch Antonie Piaste, die Chamisso zum Traualtar führen wollte, war in seinem Hause wie eine ältere Schwester seiner Töchter aufgewachsen. Chamisso kannte sie schon als Kind, doch angesichts seines immer grauer werdenden Hauptes hatte er kaum zu hoffen gewagt, von der damals gerade Achtzehnjährigen das Jawort zu erhalten. Erst Neumanns Beispiel, wie er

die 19jährige Berlinerin Antonie Piaste, eine Ziehtochter seines Freundes Hitzig

selbst Ende Dreißig, ermutigte ihn: »Ich habe mit dem Verstande gewählt und mit dem Herzen erfaßt, ich möchte sagen, ›ich habe mich nach einem Plan verliebt.‹ – Sie ist jung, blühend und stark, schön und fromm, rein und bewußtlos, klar, wolkenlos und heiter, ruhig, verständig und froh, und so liebevoll!«

Chamissos Beschreibung läßt erkennen, daß ihm kaum an einer partnerschaftlichen Beziehung im heutigen Sinn gelegen war. Die im Gegensatz zu Cérès Duvernay oder Helmina Chézy mehr praktisch und häuslich orientierte Antonie Piaste entsprach eher dem Idealbild der Hausfrau und Mutter, wie Chamisso es später in seinem Liederzyklus *Frauen-Liebe und Leben* entwarf, der schon damals von den jungdeutschen Schriftstellern als nicht zeitgemäß angegriffen wurde und heute, von Robert Schumanns Vertonung abgesehen, zu Recht vergessen ist. Chamisso aber war glücklich. »...nie hatte man einen seligeren Bräutigam gesehen; der verklärte Ausdruck auf dem Gesichte des schon reifen Mannes ersetzte reichlich, was man an der Jugendfrische vermißte«, berichtet Hitzig.

In den Augen seiner traditionsbewußten Familie war Chamissos Verbindung mit einer mittellosen Bürgerlichen etwas Unerhörtes, doch er ließ sich davon nicht beeindrucken: »Antonie Piaste ist ihr Name, ob aus dem polnischen königlichen Hause, wird nicht gefragt. – Wir sind bürgerliche Personen.«

Ursprünglich war die Hochzeit für den 15. Juli geplant gewesen, dem vierten Jahrestag des Beginns seiner Weltreise, doch daraus wurde nichts. »Die Sache ist richtig und gewiß, aber unsere Geschäftsfuhrwerke sind mit sechs Schnecken bespannt, und das fährt dann einem Bräutigam sechs Seelen auf einmal aus dem Leibe.«

Endlich war es aber dann doch soweit: Nachdem er von der preußischen Regierung zum Adjunkten (Amtsgehilfen) beim Botanischen Garten und zudem als zweiter Kustos (wissenschaftlicher Beamter) am Königlichen Herbarium bestellt worden war, mit einem Anfangsgehalt von sechshundert Talern und freier Amtswohnung, heiratete er am 25. September 1819. »Nun bleibt es mir, mich in meinem wohl eingerichteten Hause an meinem Arbeitstisch wieder ansässig zu machen und durch Wirksamkeit und Beschäftigung des Gefühles Herr zu werden, als sei es wieder nur eine Reise-Station und nicht die Heimat.«

11 Die letzten Jahre

Kaum noch erwartet: Der Durchbruch als Dichter. Lieder, Balladen, Nachdichtungen. Harzreise und literarische Treffen der »Mittwochsgesellschaft«. Der letzte Besuch in Paris. *Tagebuch* der *Reise um die Welt*

Ich habe die Tatsachen mit möglichster Genauigkeit in klarer Ordnung aufgestellt in mehreren Werken, meine Folgerungen und Ansichten flüchtig in einigen Abhandlungen niedergelegt. – Ich habe die Geographie vom Innern von Afrika und von den nördlichen Polarländern, vom Innern von Asien und von seinen östlichen Küsten festgesetzt. Meine Historia stirpium plantarum utrusque orbis steht da als ein großes Fragment der Flora universalis terrae und als ein Glied meines Systems naturae. Ich glaube darin nicht bloß die Zahl der bekannten Arten mäßig um mehr als ein Drittel vermehrt zu haben, sondern auch etwas für das natürliche System und für die Geographie der Pflanzen getan zu haben. Ich arbeite jetzt fleißig an meiner Fauna. Ich werde Sorge tragen, daß vor meinem Tod meine Manuskripte bei der Berliner Universität niedergelegt werden.

Peter Schlemihls wundersame Geschichte

Ich meinerseits bin bei jedem neuen Kapitel meines Lebens, das ich schlecht und recht, so gut es gehen will, ablebe, bescheidentlich darauf gefaßt, daß es mir erst am Ende die Weisheit bringen werde, deren ich gleich zu Anfang bedurft hätte; und daß ich auf meinem Sterbekissen die versäumte Weisheit meines Lebens finden werde.«

Übereinstimmenden Berichten von Zeitgenossen zufolge begann mit dem letzten Abschnitt von Chamissos Leben auch sein glücklichster. Die Ehe mit Antonie Piaste erwies sich als überaus harmonisch, gab ihm Kraft und Rückhalt, Ruhe und Geborgenheit. Das neue Amt entsprach seinen Neigungen, seine wissenschaftlichen Auswertungen der Weltreise wurden beachtet und gewürdigt. Hoffmann von Fallersleben beschreibt in seinen Lebenserinnerungen Chamissos Frau als hübsch und anmutig, aber sehr naiv. Als er einige Liebeslieder vorlas, habe sie, selbst die Zeugin der überschwenglichen Liebe ihres Mannes, gemeint: »Wie kann man aber auch so verliebt sein!«

»Wir heiraten und zeugen Kinder«, verkündete Chamisso im August 1820 gutgelaunt. »Neumann, ich und drei andere der Sipp- und Freundschaft haben nach der Reihe geheiratet. Neumann ist bereits der im häuslichen Glücke durchaus befangene kleine Vater eines noch kleineren Mädchens.«

Im darauffolgenden Herbst war es auch bei den Chamissos erstmals soweit: »...meine Frau hat mir einen tüchtigen Jungen geboren, der zwar anfangs mager, aber mit gesunden Knochen, sich sehr bald wacker ausgesoffen hat.« Dem am 14. September 1820 geborenen und protestantisch getauften Ludwig Deodatus (genannt Ernst) folgten sechs Geschwister – vier Söhne und zwei Töchter: Wahrmund, genannt Max (Mai 1822), Adélaïde (Juni 1827), Johanna (März 1829), Adolph (Ende 1830), Hermann (Oktober 1832) und Adelbert (Januar 1835).

Je älter seine Kinder wurden, desto häufiger dachte Chamisso darüber nach, was wohl einst aus ihnen werden würde: »Wie der Vater sich die vor

Chamissos zweite Tochter (sein viertes Kind) Johanna Pauline Schneider, geb. Chamisso, das dem Vater angeblich am ähnlichste Kind

Hermann Freymund von Chamisso, der vierte Sohn (das sechste Kind), für den Chamisso das Gedicht »Der Klapperstorch« schrieb

ihm verhüllte Welt eröffnet hat, werden es auch wohl die Söhne sollen, jeder für sich und auf eigentümliche Weise. Auch glaube ich wenig an Erziehung, an die nämlich, die planmäßig von dem bestellten Erzieher ausgehend den zu Erziehenden so und so willkürlich gestalten will. Die Jungen erziehen einander in der Schule wie die Männer in der Welt. Der Vogel in der Luft, der Fisch im Teiche wirken auf das junge Gemüt mehr ein als unsere ausstudierten Anreden. Wer kann dem Zufalle befehlen und seinem Werke vorspannen? Eins, denke ich, kann man erhalten, und damit viel, und das eine habe ich, das ist die Liebe der Kinder, und so bilden sie sich, wie wir, nach selbstgewähltem Muster, was wollen wir mehr verlangen?«

Hermann, der zweitjüngste Sohn, schien dem Vater am ähnlichsten zu sein. Fast ein ganzes Jahr lang war er so krank gewesen, daß man um sein Leben bangte; später wurde er der kräftigste von allen. Er zeigte einen ganz eigenwilligen Charakter, verhielt sich still und geduldig; eine Zeitlang wurden seine Geistesfähigkeiten in Zweifel gezogen. Aber Chamisso erkannte in ihm manche Züge, die seine eigene Kindheit ausgezeichnet hatten: »... und siehe, nun kommt die Schnecke aus ihrem Hause hervor, regt sich auf eigentümliche Weise, und alle Zweifel sind beseitigt.«

Als Hermann geboren wurde, schrieb Chamisso für ihn das Gedicht *Der Klapperstorch,* dessen letzte Verse erneut eine Absage an die Ewiggestrigen sind und gleichzeitig Chamissos Glauben an ein unaufhörliches Fortschreiten der Geschichte widerspiegeln:

Als so ich schrie, wie du nun schreist, die Zeiten waren
Nicht so, wie sie geworden sind,
Geduld, Geduld! und kommst du erst zu meinen Jahren,
So wird es wieder anders, Kind!

Da legten sie, mit gläubgem Sinn, zu mir dem Knaben
Des Vaters Wappenschild und Schwert;
Mein Erbe wars, und hatte noch, und sollte haben
Auf alle Zeiten guten Wert.

Ich bin ergraut, die alte Zeit ist abgelaufen,
Mein Erb ist worden eitel Rauch.
Ich mußte, was ich hab und bin, mir selbst erkaufen,
Und du, mein Sohn, das wirst du auch.

Folgt man einer erst lange nach Chamissos Tod veröffentlichten Untersuchung, so hat der Dichter von *Frauen-Liebe und Leben* im Herbst 1821 ein intimes Verhältnis mit Marianne Hertz, der Frau des Hamburger Apothekers Joseph Jacob Hertz, gehabt. Sicher ist, daß er Marianne seit seinem Besuch in Hamburg 1807 kannte. Möglicherweise entstammt dieser Beziehung Mariannes 1822 geborener Sohn Wilhelm Ludwig Hertz, der spätere Verleger Theodor Fontanes. Die harmonische Ehe der Chamissos scheint davon nicht beeinträchtigt worden zu sein. Aus dem häufig düster gestimmten, mit sich selbst unzufriedenen und sich ein halbes Leben lang nirgendwo wirklich dazugehörig fühlenden Weltumsegler war ein liebevoll um seine Kinder besorgter Familienvater, ein anerkannter und unermüdlich forschender Wissenschaftler geworden. Sein stilles, zurückgezogenes Dasein wurde nur selten von Reisen oder größeren Ereignissen unterbrochen.

Das Gartenhaus in der Friedrichstraße 235. Photo um 1890

Im Juli 1822 brach in seiner Schöneberger Wohnung Feuer aus, das einen Teil der Einrichtung zerstörte, seine Sammlungen aber nahezu unversehrt ließ. Danach brachte er als erstes seine Papiere wieder in Ordnung. »Da ist mein ganzes Leben wieder an mir vorübergegangen«, schrieb er an de la Foye. Vor allem die Erinnerung an die Zeit des grünen Musenalmanachs berührte ihn: »Ich sollte damals ein Dichter sein und Du machtest auch deutsche Verse – Du hast wohl diese Flügel ganz sinken lassen – ich nicht so ganz.«

Durch die Folgen des Brandes mußte er von Schöneberg, das damals noch nicht eingemeindet war, nach Berlin ziehen, in die Lindenstraße 30, wo er nur ein knappes Jahr blieb. Von 1823 an lebte er in der Friedrichstraße 235. In einem Brief an de la Foye beschrieb er, wie sehr sich das Stadtbild inzwischen gewandelt hatte: »Es wächst kein Gras mehr auf den Straßen! – Der Fluß hat durch dieselbe einen neuen Lauf genommen, eine Unzahl von Brücken, steinerne, eiserne, hölzerne, sind überall entstanden, etliche von einer ausnehmenden Pracht. Vier neue Standbilder, worunter ein ehernes, Tore, Straßen, die Stadt wächst aus sich selbst heraus. Die Sandwüste, aus deren Mitte das Hochgericht weither gesehen sich erhob, ist jetzt ein Stadtviertel, der Galgen ist ganz verbaut... Neue Kirchen, zwei neue Theater; alle Tage wird in zweien, oft auch in dreien gespielt. – Museen, Prachtbauten erheben sich überall – an dem Kleide wird fortwährend gestickt – aber das Hemd, das verschlissene Hemd!... Der Prunk, mein Lieber, der Prunk, das ist die Seuche der Zeit.«

Jeden Tag ging Chamisso nun zu Fuß zum gegenüber dem Botanischen Garten gelegenen Königlichen Herbarium, das von seinem früheren Studienfreund Dietrich F. L. Schlechtendal geleitet wurde. Auf dem Weg sammelte er Pflanzen, oder er beschäftigte sich mit einem Gedicht, das er dann gleich nach der Ankunft aufschrieb.

Im Sommer 1823 fuhr er im Auftrag der preußischen Regierung an die Ostsee, um in der Umgebung von Greifswald Höhenmessungen vorzunehmen, Torfmoore zu untersuchen sowie vier große Herbarien (jeweils zwölf bis fünfzehnhundert Pflanzen) und dreißig kleine Schulherbarien (jeweils dreihundert Pflanzen) anzulegen. Unterwegs besuchte er eine Freundin aus früheren Tagen, er meldete sich bei ihr auf einer Karte als »Wilder von den Sandwichinseln« an und soll auch einen entsprechenden Eindruck hinterlassen haben: mit lang herabhängenden Haaren, unrasiert, in einem grünen Gewand, über der einen Schulter die Botanisiertrommel, über der anderen den Kasten mit dem Barometer. Er besuchte noch die Insel Rügen und war zum Jahreswechsel 1823/1824 wieder bei seiner Familie. Nach seinen eigenen Worten stand er »einer großen königlichen Heumanufaktur vor«. Er komme zu nichts anderem mehr, als diese Pflanzen zu ordnen; er müsse husten, weil es Winter sei; sonst lebe er still vor sich hin und freue sich an seinen Kindern.

Schon im vorangegangenen Jahr hatte er bitter über »das gräßliche Märchen unseres Winters« und über rheumatische Beschwerden geklagt. In einem späteren Brief stellte er fest, es sei ihm unverständlich, weshalb sich die Menschen bis unter den 52. Grad nördlicher Breite verkrochen hätten; noch unverständlicher sei es ihm, daß er selbst zu diesen gehöre. »Ich weiß noch manche Insel auf Radack, wo ein Christ ebensowohl als ein Heide sich ansiedeln könnte und sich an der Sonne gütlich tun.«

Statt in die Südsee zu fahren, unternahm er im Juli/August 1824 eine Erholungsreise durch den Harz, wo er sich seiner »untadligen Füße« erfreute und

Chamisso vor dem Gartenhaus
Stich von Steifensand nach einer Handzeichnung von Ferdinand Weiß

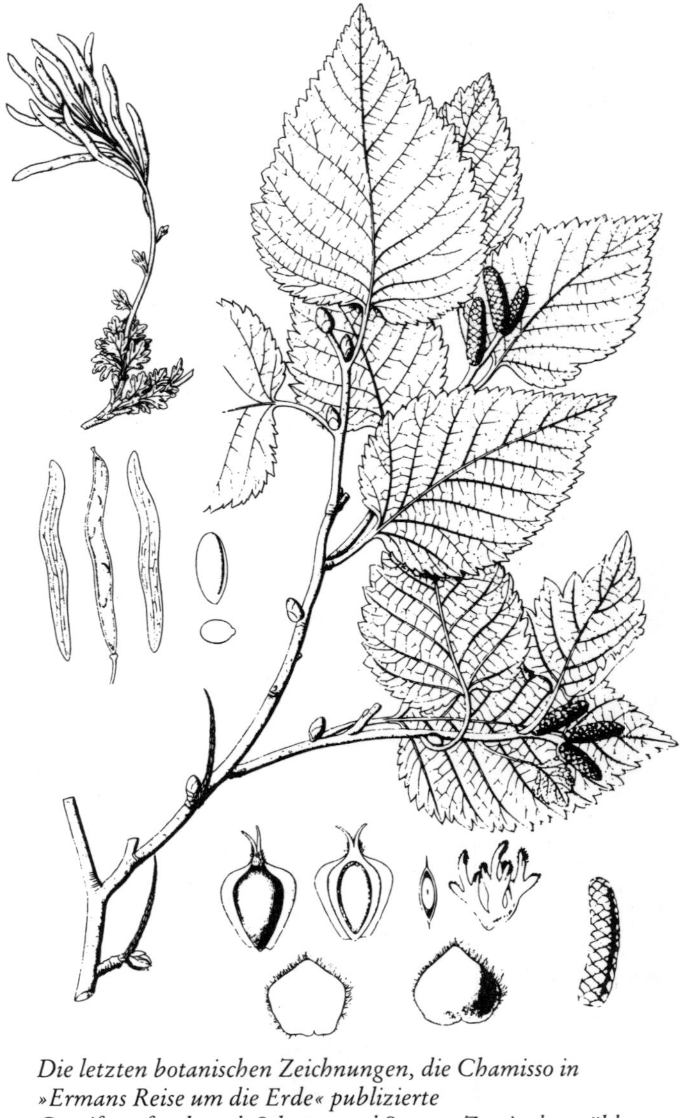

Die letzten botanischen Zeichnungen, die Chamisso in »Ermans Reise um die Erde« publizierte
Crucifere, fruchtend, Schoten und Samen. Zweig der wälderbildenden Birke (Betula Ermanii Cham. & Sch.). Vorkommen: Tschuktschen, Anadyr, Kamtschatka

Heinrich Heine (1796–1856)
Er schätzte Chamissos Gedichte und bedauerte, ihn auf der Harzreise 1824 knapp verfehlt zu haben

unter anderem einige Bergwerke besuchte. Heinrich Heine, der ebenfalls um diese Zeit unterwegs war, bedauerte in einem Brief vom 14. Mai 1826 an Varnhagen von Ense, daß er Chamisso sowohl in Göttingen wie in Clausthal verpaßt hatte. Im ersten Teil seiner »Reisebilder« berichtet er von einem Aufenthalt in der Clausthaler »Krone«. »Als ich mich ins Fremdenbuch einschrieb und im Monat Juli blätterte, fand ich auch den vielteuern Namen Adelbert von Chamisso, den Biographen des unsterblichen Schlemihl. Der Wirt erzählte mir: Dieser Herr sei in einem unbeschreibbar schlechten Wetter angekommen und in einem ebenso schlechten Wetter wieder abgereist.«

Nach Chamissos Rückkehr nach Berlin im Herbst 1824 regte Hitzig die Gründung einer literarischen Gesellschaft an. In der Berliner »Spenerschen Zeitung« veröffentlichte er einen Aufruf an Dichter und Schriftsteller, und bald darauf konstituierte sich die sogenannte »Mittwochsgesellschaft«. Die Versammlungen fanden im »Englischen Hause« in der Mohrenstraße statt, und der Name wurde auch dann beibehalten, als die Treffen von Mittwoch auf Montag verlegt wurden. »Unsere Magna Charta ist: daß kein Werk von den Mitgliedern zum Vortrag zugelassen wird, im übrigen ist unser Zweck, uns mit den neuesten und merkwürdigsten Erzeugnissen der Literatur bekannt zu machen.«

Chamisso ließ sich von diesen literarischen Treffen dazu anregen, ein Lustspiel zu schreiben: *Die Wunderkur.* Mit diesem Stück wandte er sich ebenso wie mit seiner 1829 entstandenen Molière-Nachdichtung *Der Wunderdoktor* gegen den Mesmerismus – die nach Franz Mesmer benannte Lehre von der angeblich heilenden Kraft des »animalischen Magnetismus«. Vor allem durch das Wirken Koreffs, früher Dichter im Nordsternbund, nun ein gesuchter Modearzt, war die Heilbehandlung nach Mesmer um 1820 ungeheuer populär. Sie beruhte auf Hypnose und Suggestion und wurde von Chamisso als Aberglauben und Volksbetrug rundweg abgelehnt.

Sein Stück testete er in der Mittwochsgesellschaft, wo er es anonym vorlesen ließ, und vierzehn Tage später »war das Ding auf den Brettern«. Doch trotz des zeitgemäßen Stoffes fand das Lustspiel weder bei der Uraufführung am 9. Mai 1825 im Königlichen Schauspiel zu Potsdam noch bei zwei Wiederholungen am 12. und 14. Mai Anklang beim Publikum. »... es lief ganz lau ab, und keiner verstand da unten, wovon eigentlich die Rede sein sollte ... das Ganze ward schlecht gespielt und war, wie es sich ergab, gar nicht für den Magen des Publikums; wenn man dem etwas anderes einbrocken will als seine gewohnten ungesalzenen, tausendmal aufgewärmten Wassersuppen, so muß man auch Kraft haben, es zu zwingen, es aufzufressen, und das war bei mir nicht der Fall.«

Chamisso war froh, daß er bei der Aufführung des Stückes die Anonymität gewahrt hatte, und verbot später, es jemals drucken zu lassen. Ebenso wie *Der Wunderdoktor* ist es nur in einer handschriftlichen Fassung überliefert.

Im Herbst 1825 reiste Chamisso für längere Zeit nach Frankreich, um in Paris die von der französischen Regierung gegen den heftigen Widerstand der Opposition durchgesetzten Emigranten-Entschädigungen für sich in Anspruch zu nehmen.

Dieser Entschluß wird ihm nicht leichtgefallen sein, denn vier Jahre zuvor hatte er noch dem französischen Schriftsteller und Staatsmann François de Chateaubriand, der ihn als französischer Botschafter in Berlin besuchte, gesagt, er weise die Vorteile zurück, die ihm durch die Restauration geboten würden. Dennoch erhielt er schließlich – er mußte nachweisen, nicht die preußische Staatsbürgerschaft angenommen zu haben – nach längeren Verhandlungen drei Prozent seines Erbanteils, rund 91 000 Franc, als Entschädigung. »Wieviel es beträgt«, meinte er später zu de la Foye, »weiß ich Dir nicht

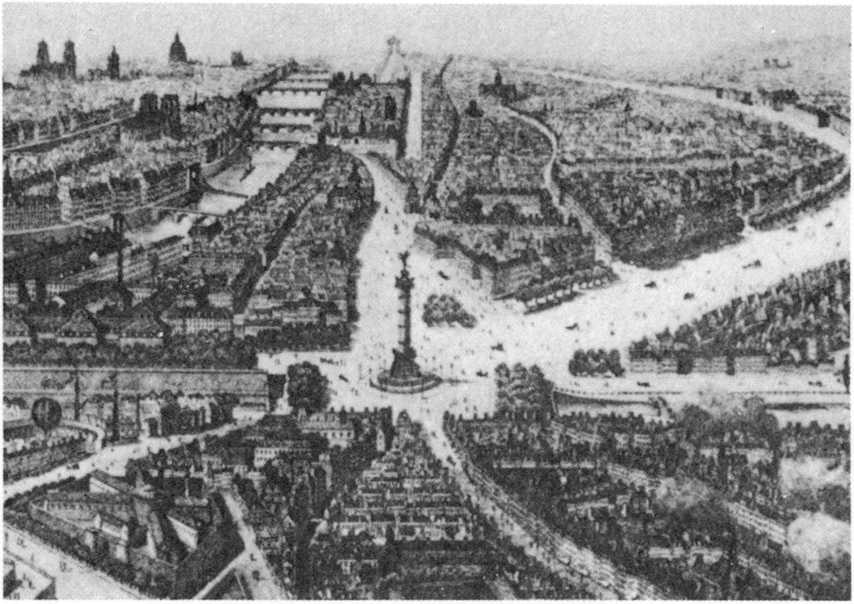

Paris um 1830. Lithographie von Schwabe

aus dem Kopfe zu sagen: aber, seltsam genug, bei der sich ausdehnenden Familie, dem immer trotz allem Wehren um sich greifenden Prunk, kommt dieses unverhoffte große Los nur eben recht, um der Armut zu wehren, in die mein ursprünglicher Wohlstand überzugehen drohte; – man bewohnt ein größeres Haus, man heizt eine Stube mehr, brennt eine Lampe mehr, hat Schulgeld zu bezahlen usw., und der Beutel ist leer, wenn etwa ein Freund darin zu schöpfen begehrt.«

Als Weltumsegler und Dichter des längst in einer französischen Übersetzung vorliegenden *Peter Schlemihl* war Chamisso inzwischen auch in Paris kein Unbekannter mehr. Erfreut teilte er am 21. Oktober seiner Frau mit: »Ich finde mich hier in der gelehrten Welt fast mehr gekannt und anerkannt als bei uns, und alles kommt mir entgegen.« Er wohnte bei der Familie seines Bruders Hippolyte und traf in Paris auch Auguste de Staël wieder, mit dem er in Coppet am Genfer See zu botanisieren begonnen hatte. Von Choris, dem Zeichner der Rurik-Expedition, bekam er in einem ausgezeichneten Restaurant eben jenes Festessen serviert, mit dessen Beschreibung er dem Gefährten auf dem Schiff den Mund wäßrig gemacht hatte, als sie den erbärmlichen Anblick der kargen Schiffskost nicht mehr ertragen konnten. Er besuchte Theateraufführungen, lernte den am amerikanischen Unabhängigkeitskampf und an der Französischen Revolution maßgeblich beteiligten Marquis de Lafayette kennen und machte zusammen mit dem französischen Weltumsegler d'Urville einen Ausflug nach Caën zu seinem Freund de la Foye.

Einen besonders großen Eindruck machte auf ihn das rege politische Geschehen in der französischen Hauptstadt: Nachdem am 28. November 1825 der liberale Abgeordnete General Foy gestorben war, beteiligte sich Chamisso an dem Trauermarsch, der von der Opposition zu einer machtvollen Demonstration genutzt wurde. Er besuchte die Gerichtsverhandlungen gegen die auch von ihm regelmäßig gelesene liberale Zeitung »Constitutionnel«, die der »Schmähung der Kirche« angeklagt worden war, schließlich aber freigesprochen werden mußte.

Als er im Januar 1826 wieder in Berlin war, schrieb Varnhagen von Ense in sein Tagebuch: »Herr von Chamisso ist gestern von Paris zurückgekommen. Seine Entschädigung ist in guten Gang gebracht. Er aber ist ganz erfüllt von dem herrlichen politischen Leben in Frankreich.«

Vier Jahre später bewies die Julirevolution von 1830, daß die für Europas Zukunft richtungweisenden Fragen tatsächlich in Chamissos Geburtsland entschieden wurden. Die liberale Pariser Bevölkerung erhob sich gegen die Restaurationspolitik des Königs, der die bürgerlichen Freiheiten immer mehr einschränkte. Karl X. wurde gestürzt und Prinz Louis-Philippe von Orléans aufgefordert, unter dem Zeichen der Trikolore, dem Symbol der Französischen Revolution, als Bürgerkönig den Thron zu besteigen. Die Julirevolution führte auch im übrigen Europa zu Aufständen und zur Verstärkung verfassungsrechtlicher Bestrebungen.

Nie werde er jenen dritten August vergessen, schrieb Hitzig, an dem die Pariser Ereignisse den Einwohnern Berlins durch ein Extrablatt der Staatszeitung verkündet wurden: »Das Blatt durchlaufen und dem Freunde die wichtige Nachricht bringen war bei Chamisso das Werk eines Augenblicks. Er erschien bei demselben, das verhängnisvolle Papier in der Hand, ganz wie er an seinem Schreibtisch gesessen, da es ihm gebracht wurde, völlig ausgekleidet, in Pantoffeln, ohne Hut, kurz im unzweideutigen Negligé, ohne zu beachten, daß er ein gutes Stück in der mit Menschen erfüllten Straße – der 3. August war gerade der Geburtstag des Königs, das Volksfest der Preußen – zurückzulegen hatte. ›Da!‹ – mit diesem Zuruf reichte er Hitzig das Blatt hin, triumphierend ob seiner Voraussicht und über die Haltung der Pariser, die ihm, wie unzähligen, in dem glänzendsten Lichte erschien.«

Dadurch, daß Louis-Philippe die Krone aus den Händen des Parlaments mit seiner bürgerlich-liberalen Mehrheit angenommen hatte, war das noch vom Wiener Kongreß hochgehaltene Prinzip der monarchischen Legitimität durchbrochen worden, das auf dem Glauben der Einsetzung des Herrscherhauses »von Gottes Gnaden« beruhte. Damit hatte sich acht Jahre vor Chamissos Tod vollendet, was acht Jahre nach seiner Geburt mit der Französischen Revolution begonnen hatte.

Durch die Ereignisse des Sommers 1830 erkannten sowohl die liberal engagierten Kräfte in Europa wie deren Gegner, daß die Französische Revolution von 1789 unumkehrbar war und daß mit ihr ein »Zeitalter der Revolution« begonnen hatte, das auch die politische Entwicklung in Deutschland – vom Zug der Vertreter des liberalen Bürgertums auf das Hambacher Schloß bis hin zur Märzrevolution des Jahres 1848 und der aus demokratischen Wahlen hervorgegangenen deutschen Nationalversammlung in der Frankfurter Paulskirche – entscheidend beeinflußte.

Im Jahr von Chamissos Rückkehr aus Frankreich, 1826, erschien erstmals das von Schlechtendal herausgegebene »Linnaea – Ein Journal für die Botanik in ihrem ganzen Umfange«. Die ersten zehn Bände der vierteljährlich erschienenen Hefte enthalten vor allem die botanischen Forschungsergebnisse von Chamissos Weltreise. Für seine Beiträge fertigte Chamisso selbst Zeichnungen an; vermutlich stammen auch die anonymen Rezensionen über botanische Literatur von ihm.

Nach wie vor mied er die Berliner Salons, verkehrte jedoch regelmäßig in der »Mittwochsgesellschaft«, zu deren Mitgliedern inzwischen außer Fouqué und Varnhagen auch Eichendorff, Achim von Arnim und Ludwig Börne gehörten. August Wilhelm Schlegel und Jean Jacques Ampère besuchten die Veranstaltungen als Gäste, und von einem jungen französischen Autor, Xavier Marmier, ist die folgende Schilderung Chamissos in der Mittwochsgesellschaft überliefert: »Ein Mann erhob sich und las Verse von Béranger. Er

Die Julirevolution in Paris 1830. Ölgemälde von Eugène Delacroix 1831. Chamisso begrüßte das Ereignis begeistert als Beginn einer Liberalisierung in Europa

hatte eine hohe Stirn; ausdrucksvolle Augen und langes, auf die Schulter fallendes weißes Haar gaben seinem Gesicht ein eigentümlich ernstes und edles Aussehen. Während er vortrug, bemerkte ich, daß sein Akzent weniger hart war als gewöhnlich bei den Deutschen, daß er unseren Vers gut genug beherrschte, um ihn durch seine unterschiedliche Betonung fühlbar werden zu lassen...«

Diese literarischen Treffen regten Chamisso, der nach seinen eigenen Worten »immer einen Fuß in der Botanik und einen in der Literatur« hatte, zu seinen volkstümlichen Liedern und Balladen an, die ihn bald auch als Lyriker berühmt machten: »Ich singe noch ein Lied, wenn es mir gerade einfällt, und ich sammle sogar diese Zeitrosen zu einem eigenen Herbario, für mich und meine Lieben auf künftige Zeit, aber es bleibt unter den vier Pfählen, wie es sich gebührt«, schrieb Chamisso 1822 an de la Foye.

Tatsächlich trug er seit seiner Rückkehr von der Weltreise nur für den engsten Freundeskreis bestimmte Gedichte in das sogenannte rote Buch ein, das der Rückenprägung des weinroten Ledereinbandes zufolge wirklich ursprünglich als Herbarium gedacht war. Noch immer mißtraute er seiner eigenen Befähigung als Dichter und wagte sich mit den Gedichten nicht an die Öffentlichkeit.

Erst im November 1826 forderte er, von den Freunden dazu ermuntert, seinen Verleger Johann Leonhard Schrag in Nürnberg dazu auf, der zweiten Auflage des *Schlemihl* einen Anhang mit Gedichten beizufügen.

So erschien im darauffolgenden Jahr nicht nur mit großer Verspätung das im Auftrag des preußischen Kultusministeriums verfaßte pflanzenkundliche Unterrichtswerk, dessen einleitende *Ansichten von der Pflanzenkunde und dem Pflanzenreiche* er als sein wissenschaftliches Glaubensbekenntnis betrachtete, sondern auch die gewünschte erweiterte Schlemihl-Ausgabe. »Die Haare sind mittlerweile grau geworden«, schrieb er am 24. Mai 1827 an Rosa Maria, »aber das Herz ist frisch, und alt wird man in gewissem Sinne nicht, wenn man es selber nicht zuläßt; so verdorrt auch nicht, was von Poesie dem Leben angehört hat. Daß ich kein Dichter war und bin, ist eingesehen, aber das schließt den Sinn nicht aus; und nicht die Fähigkeit ein Lied zu singen, wenn im Leben einmal die Lust erwacht, und so schallt es wohl bisweilen durch unsere schattigen Reviere... Von meinem alten Schlemihl, an dem ich noch meine Freude zu haben nicht in Abrede stellen will, nachdem er sich von den Berliner Straßen-Gängen bis ins englische Oberhaus Bahn gebrochen hat, erscheint eben eine zweite zierliche Ausgabe, der ich eine Auswahl von Liedern und Balladen beigegeben habe. Nur weniges aus der alten Jammer-Periode der Zerknirschung ist aufgenommen, die mehrsten Weisen habe ich in meiner bessern Zeit den Meinen vorgesungen, und Sie werden mich ›wie den Kuckuck an meiner schlechten Stimme erkennen‹.«

Was Chamisso selbst kaum für möglich gehalten hätte, geschah: Er, der keine drei Sätze deutsch gesprochen haben soll, ohne daß man seine französische Herkunft erkannte, hatte mit diesen Gedichten einen in Deutschland fast beispiellosen Erfolg. Überwältigt verkündete er de la Foye: »...ich glaube fast, ich sei ein Dichter Deutschlands.«

Chamisso um 1830. Holzstich von Adolf Neumann

Diese völlig unerwartete Anerkennung bewirkte einen Schaffensschub, der bis zu seiner schweren Erkrankung im Frühsommer 1833 andauerte. Mehr als die Hälfte seiner seit 1819 der Reihe nach in Hausbüchern eingetragenen Gedichte entstand in den Jahren um 1830. Seit 1826 gab er den überwiegenden Teil zum Vorabdruck an Almanache, Zeitschriften und Zeitungen, die vornehmlich von einem bürgerlichen Publikum gelesen wurden, auf das Chamissos Lyrik auch bis in die Details abgestimmt war.

»Ich finde Anerkennung, ich weiß nicht wie in dieser Zeit«, stellte Chamisso im März 1829 fest. »Meine Gedichte finden Nachhall – werden überall wieder abgedruckt, Künstler verfertigen Bilder nach denselben; in verschiedene Sprachen werden sie übersetzt, und von mir selbst wird jetzt in den Kunsthandlungen ein schönes lithographiertes Bild Preis geboten.«

Im Februar 1831 erschienen erstmals Chamissos *Gedichte* als Einzelband. Wie die erweiterte Schlemihl-Ausgabe fand das Buch großen Anklang und wurde für damalige Verhältnisse erstaunlich gut verkauft. Zwei Jahre danach mußte bereits eine zweite Auflage vorbereitet werden. 1886, fast fünfzig Jahre nach Chamissos Tod, erschienen die *Gedichte* bereits in der dreiundzwanzigsten Auflage.

Damit war Chamisso sowohl als Wissenschaftler wie auch als Dichter endgültig anerkannt. »Das Volk singt meine Lieder, man singt sie in den Salons, die Komponisten reißen sich danach, die Jungen deklamieren sie in den Schulen, mein Porträt erscheint nach Goethe, Tieck und Schlegel, als das vierte in der Reihe der gleichzeitigen Deutschen Dichter, und schöne junge Damen drücken mir fromm die Hand oder schneiden mir Haarlocken ab ... Wer hätte das alles in unsern grünen Jahren gedacht!«

Zuweilen nahm diese Verehrung kuriose Formen an: Anläßlich seines 51. Geburtstages gaben einige Lyriker ein Heftchen mit Liedern auf Chamisso heraus, in denen er unter anderem als »König der stillen Inseln in der Südsee« besungen wurde.

Ein befreundeter Journalist schrieb daraufhin einen Artikel, in dem er »Chamissos beispielhafte Inselregierung« rühmte. Dies wurde für bare Münze genommen, und amüsiert stellt Chamisso fest: »... daran haben sich nun alle Journalisten Deutschlands, einer nach dem andern, verschluckt, und in der Petersburger Zeitung wird ganz ernst ... von meinem Königreiche Erwähnung getan.«

TRAGISCHE GESCHICHTE

's war einer, dem's zu Herzen ging,
Daß ihm der Zopf so hinten hing,
Er wollt' es anders haben.

So denkt er denn: wie fang ich's an?
Ich dreh' mich um, so ist's getan –
Der Zopf, der hängt ihm hinten.

Da hat er flink sich umgedreht,
Und wie es stund, es annoch steht –
Der Zopf, der hängt ihm hinten.

Da dreht er schnell sich anders rum,
's wird aber noch nicht besser drum –
Der Zopf, der hängt ihm hinten.

Er dreht sich links, er dreht sich rechts,
Es tut nichts Guts, es tut nichts Schlechts –
Der Zopf, der hängt ihm hinten.

Er dreht sich wie ein Kreisel fort,
Es hilft zu nichts, in einem Wort –
Der Zopf, der hängt ihm hinten.

Und seht, er dreht sich immer noch
Und denkt: es hilft am Ende doch –
Der Zopf, der hängt ihm hinten.

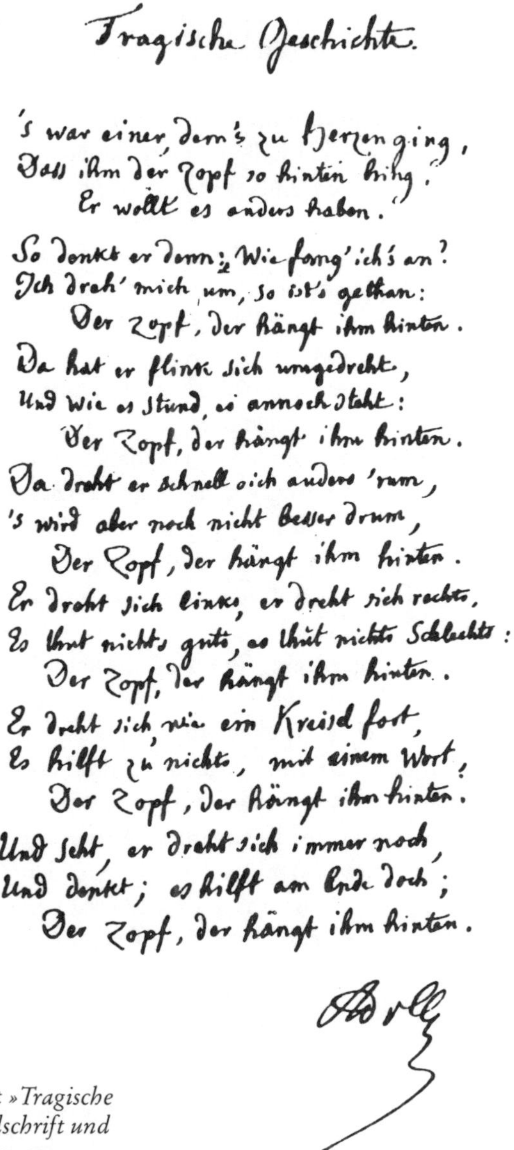

Tragische Geschichte.

's war einer, dem's zu Herzen ging,
Dass ihm der Zopf so hinten hing,
Er wollt' es anders haben.

So denkt er denn: Wie fang' ich's an?
Ich dreh' mich um, so ist's gethan:
Der Zopf, der hängt ihm hinten.

Da hat er flink sich umgedreht,
Und wie es stund, es annoch steht:
Der Zopf, der hängt ihm hinten.

Da dreht er schnell sich anders 'rum,
's wird aber noch nicht besser drum,
Der Zopf, der hängt ihm hinten.

Er dreht sich links, er dreht sich rechts,
Es thut nichts guts, es thut nichts Schlechts:
Der Zopf, der hängt ihm hinten.

Er dreht sich, wie ein Kreisel fort,
Es hilft zu nichts, mit einem Wort,
Der Zopf, der hängt ihm hinten.

Und seht, er dreht sich immer noch,
Und denkt; es hilft am Ende doch;
Der Zopf, der hängt ihm hinten.

Chamissos Gedicht »Tragische Geschichte«. Handschrift und Illustration. Radierung, signiert H. B. v. W.

Von 1832 an gab Chamisso zusammen mit Gustav Schwab den jährlich erscheinenden »Deutschen Musenalmanach« heraus, ein anspruchsvolles Prestigeunternehmen der Verleger K. Reimer und S. Hirzel, das ihn zu einer Art Instanz für eine Unzahl hoffnungsvoller Nachwuchsdichter werden ließ: »Ich habe doch jahrjährlich die Eitelkeit von nicht weniger als fast allen deutschen Dichtern zu kränken, deren Name bekanntlich Legion ist, – indem ich mit dem großen Wedel an der Tür des Musenalmanachs stehe, die mehrsten von ihnen wegzuscheuchen und von den wenigen eine wenige Zoll nur breite Spalte zum Hereinschlüpfen zu lassen, da sie doch die zwei Flügel auf erwarten... alle wollen von mir erfahren, ob sie Dichter sind und werden sollen oder das Dichten abschwören.«

Zweifellos eine ideale Position, sich jede Menge Feinde zu schaffen, doch Chamisso war stolz darauf, über den literarischen Gruppierungen zu stehen und auf diese Weise nur eine geringe Angriffsfläche zu bieten. »Ich habe die Gunst des Publikums, und die Parteien, die in unserer Literatur einander zerreißen oder mit Kot bewerfen, ermangeln nicht, den Hut abzuziehen, wenn sie an mir vorübergehen. – Zu Geburtstags-, Paten-, Christ- und Brautgeschenken werden in Deutschland jährlich beiläufig 1000 Uhland und 500 Chamisso gebraucht.«

Gerade seine beim bürgerlichen Publikum besonders erfolgreichen Liederzyklen wie *Frauen-Liebe und Leben, Tränen* oder *Lebens-Lieder und Bilder* sowie seine zahlreichen Gelegenheitsgedichte begründeten Chamissos Ruf als Repräsentant des Biedermeier, als unpolitischen Dichter des Hauses und der Familie, als der er lange Zeit abgestempelt wurde.

Tatsächlich ist der häufig ins Sentimentale umschlagende Ton vor allem der Liederzyklen, mit denen Chamisso damals genau dem Geschmack seiner Zeit entsprach, heute stellenweise nur noch schwer zu ertragen und entbehrt manchmal auch nicht der unfreiwilligen Komik: »Nur die Würdigste von allen / Soll beglücken deine Wahl, / Und ich will die Hohe segnen, / Segnen viele tausend Mal. // Will mich freuen dann und weinen, / Selig, selig bin ich dann, / Sollte mir das Herz auch brechen, / Brich, o Herz, was liegt daran!« (aus *Frauen-Liebe und Leben.*)

Aber diese biedermeierlich-behäbige Dichtung ist nur ein kleiner Teil von Chamissos lyrischem Werk, das in all seinem Formenreichtum und der thematischen Vielfältigkeit vorzustellen den Rahmen dieser Biographie sprengen würde. Interessiert an allem, was seine Zeit bewegte, bekundete er als einer der ersten seine Begeisterung für die Eisenbahn als Bote einer kommenden Zeit. Beeinflußt von den Liedern Jean Pierre de Bérangers, die er 1825 in Paris gehört und später nachgedichtet hatte, gab er mit seinem 1826 entstandenen *Nachtwächterlied* den Auftakt für die politische Lyrik der dreißiger und vierziger Jahre in Deutschland:

Eteignons les lumières
Et rallumons le feu.
Béranger

Hört, ihr Herrn, und laß euch sagen,
Was die Glocke hat geschlagen:
  Geht nach Haus und wahrt das Licht,
  Daß dem Staat kein Schaden geschicht.
    Lobt die Jesuiten!

Hört, ihr Herrn, wir brauchen heute
Gute, nicht gelehrte Leute,
  Seid ihr einmal doch gelehrt,
  Sorgt, daß keiner es erfährt.
    Lobt die Jesuiten!

Hört, ihr Herrn, so soll es werden:
Gott im Himmel, wir auf Erden,
  Und der König absolut,
  Wenn er unsern Willen tut.
    Lobt die Jesuiten!

Seid, ihr Herrn, es wird euch frommen,
Von den gutgesinnten Frommen;
  Blase jeder, was er kann,
  Lichter aus, und Feuer an.
    Lobt die Jesuiten!

Feuer, ja, zu Gottes Ehren,
Um die Ketzer zu bekehren,
   Und die Philosophen auch,
   Nach dem alten, guten Brauch.
      Lobt die Jesuiten!

Hört, ihr Herrn, ihr seid geborgen,
Geht nach Haus, und ohne Sorgen
   Schlaft die lange, liebe Nacht,
   Denn wir halten gute Wacht.
      Lobt die Jesuiten!

Die Ballade *Der Bettler und sein Hund,* in der sich der Bettler schließlich ins Wasser stürzt, weil er die Steuer nicht bezahlen kann und es nicht übers Herz bringt, seinen Hund zu ertränken, zeigt Chamissos sozialkritisches Engagement ebenso wie das 1832 entstandene Gedicht *Die alte Waschfrau:*

Du siehst geschäftig bei dem Linnen
Die Alte dort in weißem Haar,
Die rüstigste der Wäscherinnen
Im sechsundsiebenzigsten Jahr.
So hat sie stets mit saurem Schweiß
Ihr Brot in Ehr und Zucht gegessen,
Und ausgefüllt mit treuem Fleiß
Den Kreis, den Gott ihr zugemessen.

Sie hat in ihren jungen Tagen
Geliebt, gehofft und sich vermählt;
Sie hat des Weibes Los getragen,
Die Sorgen haben nicht gefehlt;
Sie hat den kranken Mann gepflegt;
Sie hat drei Kinder ihm geboren;
Sie hat ihn in das Grab gelegt,
Und Glaub und Hoffnung nicht verloren.

Da galts die Kinder zu ernähren;
Sie griff es an mit heiterm Mut,
Sie zog sie auf in Zucht und Ehren,
Der Fleiß, die Ordnung sind ihr Gut.
Zu suchen ihren Unterhalt
Entließ sie segnend ihre Lieben,
So stand sie nun allein und alt,
Ihr war ihr heitrer Mut geblieben.

Sie hat gespart und hat gesonnen
Und Flachs gekauft und nachts gewacht,
Den Flachs zu feinem Garn gesponnen,
Das Garn dem Weber hingebracht;
Der hats gewebt zu Leinewand;
Die Schere brauchte sie, die Nadel,
Und nähte sich mit eigner Hand
Ihr Sterbehemde sonder Tadel.

Ihr Hemd, ihr Sterbehemd, sie schätzt es,
Verwahrts im Schrein am Ehrenplatz;
Es ist ihr Erstes und ihr Letztes,
Ihr Kleinod, ihr ersparter Schatz.
Sie legt es an, des Herren Wort
Am Sonntag früh sich einzuprägen,
Dann legt sies wohlgefällig fort,
Bis sie darin zur Ruh sie legen.

Und ich, an meinem Abend, wollte,
Ich hätte, diesem Weibe gleich,
Erfüllt, was ich erfüllen sollte
In meinen Grenzen und Bereich;
Ich wollt, ich hätte so gewußt
Am Kelch des Lebens mich zu laben,
Und könnt am Ende gleiche Lust
An meinem Sterbehemde haben.

Das Haus in der Friedrichstraße 235,
wo Chamisso von 1823 bis zu seinem Tode lebte

1835 verfaßte Chamisso noch ein *Zweites Lied von der alten Waschfrau* und ließ es zusammen mit dem ersten als Separatdruck vertreiben. Den Erlös, rund 150 Reichstaler, erhielt eine alte Wäscherin, das Vorbild seiner Verse.

Eine besondere Würdigung verdienen Chamissos Leistungen als Übersetzer und Nachdichter. In der französischen und deutschen Sprache gleichermaßen zu Hause, wurde er zum schreibenden Mittler zwischen den beiden Kulturen. Aber seine große Sprachbegabung befähigte ihn auch, neue Sprachwelten zu erkunden. In den nach 1827 erschienenen Gedichtsammlungen sind stets Übersetzungen und Nachdichtungen enthalten: aus der Tongasprache, dem Französischen, Litauischen, Neugriechischen und Dänischen. Durch Chamisso wurde Hans Christian Andersen in Deutschland als Lyriker bekannt und sein Gedicht »Der Soldat« zu einem Volkslied. Wichtig und noch heute lesenswert sind die schon erwähnten Béranger-Nachdichtungen, deren aggressiv-sarkastischer Ton Schule machte und die politische und sozialkritische Lyrik des deutschen Vormärz entscheidend beeinflußte.

An Chamissos Leistungen als Vermittler zwischen den Kulturen erinnert der im Februar 1985 gestiftete »Adelbert-von-Chamisso-Preis«, der für bedeutende Beiträge zur deutschen Literatur an Autoren mit nichtdeutscher Muttersprache verliehen wird. Erster Preisträger wurde der türkische Schriftsteller Aras Ören; den angeschlossenen Förderpreis erhielt erstmals der syrische Autor Rafik Schami. In seiner Dankesrede zur Preisverleihung entwarf Aras Ören eine Vision, wie sie Chamisso nicht geschrieben hat, wohl aber empfunden haben dürfte: »Es ist mein Wunsch, daß das geschriebene Wort über alle Grenzen hinweg eine Brücke zur Kommunikation werden möge, die Phantasie mit Phantasie, Gedanken mit Gedanken, Sprache mit Sprache, Individuum mit Individuum verbindet.«

Seine letzten Jahre verbrachte Chamisso, der lieber »Holz spalten« und »Steine karren« als aus seinem dichterischen Schaffen einen Beruf machen wollte, so wie er es schon 1829 in einem Brief an de la Foye beschrieben hatte: »Die Botanik (die Linnaea) ist immer stark an der Tagesordnung, und nebenbei die Poesie.«

Im Sommer des Jahres 1833 wurde er durch eine schwere Grippe niedergeworfen, die einen heftigen Husten und eine chronisch eitrige Entzündung der Bronchien zur Folge hatte. Auch Antonies Gesundheit war inzwischen schwer beeinträchtigt, ohne daß ihr Leiden anfangs exakt zu bestimmen gewesen wäre. Am 7. Mai 1835 erlebte Chamisso eine kaum mehr erwartete Ehrung als Gelehrter: Auf Vorschlag Alexander von Humboldts wurde er zum Mitglied der Berliner Akademie der Wissenschaften gewählt. In einer Dankesrede sagte er: »So hochgeschätzt, sollte ich mit erhöhter Kraft zu gesteigerter Tätigkeit erwachen … Aber, meine Herren, Sie legen den Lorbeer einem sehr müden Manne zu Häupten, für den Ihre Anerkennung das erfreuende Licht sein möchte, nach welchem der deutsche Dichter scheidend begehrte.«

Auch verschiedene Kuraufenthalte im schlesischen Bad Reinerz und in Bad Charlottenbrunn brachten nur kurzfristige Besserung.

Im November 1835 schrieb er an de la Foye: »Im vorigen Winter, wo mir, unter Schloß und Riegel gehalten, Luft, Licht und der freie Gebrauch meiner Füße abging, hatte ich einen Stab, woran ich mich aufrecht erhielt. Ich schrieb nämlich ein Buch (Tagebuch meiner Reise). Ich hatte die mir zusagende Geistes-Wirksamkeit – jetzt geht mir diese ab, und ich sinke zusammen. Ich habe zuwenig Kraft oder zuwenig Zutrauen, eine Arbeit zu unternehmen, ich kann keinen Vers mehr machen, ich kann nicht ins Schreiben kommen und komme so mehr und mehr auf den Hund.«

1836 raffte er sich noch einmal auf und verfaßte eine akademische Abhandlung seiner polynesischen Studien: *Über die Hawaiische Sprache.* Ein hawaiisches Wörterbuch, an dem er in der folgenden Zeit arbeitete, konnte er nicht mehr beenden.

Am 21. Mai 1837 starb die erst sechsunddreißig Jahre alte Antonie, Mutter von sieben Kindern, an einem Blutsturz. Chamisso, der den Verlust mit äußerer Fassung trug, wurde von schweren Depressionen geplagt: »Ich werde alt, das Gedächtnis für die jüngste Zeit geht mir aus, und mich erschrecken Töne, Worte, Bilder aus meiner frühesten Kindheit, die mir unversehens aufgehen mit aller Bestimmtheit der Gegenwart, und ich träume nur vom Schlosse Boncourt und dem Regiment Götze, kaum einmal von meiner Frau, kaum von meinen Kindern, denen ich doch lebe... ich fühle wohl, daß es Abend ist.«

Eine Schwester Antonies übernahm die Betreuung der Kinder und sorgte für den Haushalt. Chamisso schöpfte wieder Hoffnung: »Ich habe geglaubt, es könne mit mir nicht dauern, und dennoch, wie es schon vier Jahre gedauert hat, kann es noch andere vier und mehrere dauern, aber ich muß abspannen – ich habe abgespannt.«

Im Herbst 1837 nahm er die Schnellpost nach Leipzig, um auf der eben fertiggestellten Eisenbahnlinie nach Dresden zu fahren. »Ich hätte nicht ruhig sterben können«, meinte er, ohne »vom Hochsitze dieses Triumphwagens in die sich entrollende Zukunft hineingeschaut« zu haben.

Von Februar bis April 1838 übersetzte Chamisso zusammen mit seinem Freund und Schüler Franz von Gaudy die Lieder Bérangers. Danach fühlte er sich so schwach, daß er seine Versetzung in den Ruhestand beantragte, die

Chamisso 1838 als berühmter Dichter. Das Porträt wurde in Kunsthandlungen verkauft. Lithographiert von Meyer nach einer Zeichnung von F. Weiß

Emilie Piaste, genannt »Tante Mulle«, die nach dem frühen Tod ihrer Schwester Antonie Chamisso den Haushalt führte und die Kinder versorgte

ihm am 4. August gewährt wurde. Als Anerkennung für seine Leistungen sollte ihm das bisherige Gehalt weiter ausbezahlt werden.

Er konnte noch die letzten redaktionellen Tätigkeiten für den Deutschen Musenalmanach 1839 beenden, ehe er im August von Fieberanfällen geschüttelt wurde und schließlich in einen schlafähnlichen Betäubungszustand verfiel, aus dem er am 17. August noch einmal für kurze Zeit erwachte. In der letzten Nacht vor seinem Tod am 21. August 1838 soll er in der Fieberphantasie nur noch französisch gesprochen haben.

Die Sektion, zu der er vor dem Tod sein Einverständnis gegeben hatte, ergab, daß er vermutlich erstickt ist, weil aufgrund von Veränderungen der Schleimhaut zuletzt nur noch der linke Lungenflügel notdürftig arbeitete.

Am 23. August wurde er auf dem Friedhof vor dem Halleschen Tor an der Seite seiner Frau beigesetzt; in aller Stille, wie es seinem letzten Willen entsprach.

»Ich will ganz ohne Prunk und in der Stille in die Erde versenkt werden. Es mögen nur ein paar Freunde sehen, wo meine Asche bleibt, und sich niemand sonst bemühen. Soll die Stelle bezeichnet werden, mag ein Baum es tun, höchstens eine kleine Steinplatte. Ich verbiete auf jeden Fall jegliche andere

Grabschrift als meinen Namen nebst Datum der Geburt und des Hinscheidens.«

Den größten Teil seiner wissenschaftlichen Sammlungen überließ er testamentarisch der Berliner Universität.

Der alte Sänger, der einen weiten Weg gegangen war, ehe er zu sich und seiner Bestimmung fand, der die Vorurteile und Privilegien einer überlebten Gesellschaft hinter sich ließ und zum freiheitlich denkenden Weltbürger wurde, war am Ende seiner Reise angelangt.

Zeittafel

1781 Als sechstes von sieben Kindern des Comte Louis Marie de Chamissot und dessen Frau Marie Anne Gargam wird Chamisso zwischen dem 27. und 30. 1. auf Schloß Boncourt bei Sainte-Menehould in der Champagne geboren. Am 31. 1. getauft auf den Namen Louis Charles Adélaïde. Seine Geschwister: Charles Louis Marie Hippolyte (1769–1841), Louis Marie (1772–1778), Jean Baptiste Marie, genannt Prudent (1773–1796), Charles Louis (1774–1822), Madeleine Louise (1779–1845) und Charles Marc Eugène (1784–1802).

Gotthold Ephraim Lessing stirbt. Immanuel Kant: Kritik der reinen Vernunft.

1783 5.6.: erster öffentlicher Aufstieg eines unbemannten Heißluftballons durch die Brüder Montgolfier. 21. 11.: bei Paris der erste von Menschen ausgeführte freie Flug eines Luftfahrzeugs.

1784 Denis Diderot stirbt. Johann Gottfried Herder: Ideen zur Philosophie der Geschichte der Menschheit. Beaumarchais: Le mariage de Figaro. Schiller: Kabale und Liebe. Immanuel Kant: Was ist Aufklärung?

1785 Gründung des Deutschen Fürstenbundes.

1786 Tod Friedrichs II. von Preußen. Wolfgang Amadeus Mozart: Figaro.

1787 Johann Wolfgang v. Goethe: Iphigenie. Friedrich Schiller: Don Carlos.

1788 Forderung nach Einberufung der Generalstände mit gleicher Zahl von Sitzen für Adel/Klerus und den Dritten Stand.

1789 Beginn der Französischen Revolution. Januar: Flugschrift von Emanuel-Joseph Sieyès über die Situation und die Forderungen des Dritten Standes in Frankreich. März: Proklamation der Verfassung der Vereinigten Staaten von Amerika. Juni: Erklärung der französischen Generalstände zur Nationalversammlung. 14.7.: Sturm auf die Bastille. 4.–11.8.: Erlasse der Nationalversammlung, u. a. zur Beseitigung des Feudalsystems. 26.8.: Erklärung der Menschen- und Bürgerrechte durch die französische Nationalversammlung.

1790 Chamisso und seine Familie verlassen Boncourt, siedeln sich in Châlons-sur-Marne an.

Blutige Zusammenstöße zwischen den protestantischen Anhängern und katholischen Gegnern der Französischen Revolution in Nîmes. Juli bis September: Abschaffung der Adelstitel, Abschaffung der alten obersten Gerichtshöfe. Dezember: Bewaffnete Bauernerhebung in den Departements Lot und Tarn-et-Garonne gegen das Fortbestehen von Abgaben an die Grundherren.

Kant: Kritik der Urteilskraft. Goethe: Metamorphose der Pflanzen, Faust. Ein Fragment. Karl Philipp Moritz: Anton Reiser.

1791 Nach der Flucht Ludwigs XVI. Bauernunruhen in zahlreichen Departements. Der König wird in Varennes, in der Champagne, gefangengenommen und zurück nach Paris gebracht. 17.7.: Gewaltsame Auflösung einer antimonarchistischen Kundgebung durch die Nationalgarde (»Massaker auf dem Marsfeld«). August: Aufruf der Nationalversammlung an die Emigranten, zurückzukehren. 3.9.: Verabschiedung der ersten geschriebenen Verfassung auf dem europäischen Kontinent. Konstitutionelle Monarchie: Der wieder in seine Funktion eingesetzte König Ludwig XVI. leistet den Eid auf die Verfassung (14.9.). Ende September: bürgerliche Gleichberechtigung für die Juden.

Mozart stirbt.

1792 Im Mai verläßt die Familie Chamisso Frankreich; der Vater schließt sich dem Emigrantenheer unter de Broglie an, zuerst in den Niederlanden, dann in Luxemburg und Trier. Zwischen dem 26.12.1792 und dem 7.1.1793 wird das Mobiliar des Familienbesitzes in Boncourt versteigert, schließlich das Schloß selbst auf Abbruch verkauft und abgerissen.

20.4.: Kriegserklärung Frankreichs an Österreich, Beginn des ersten Koalitionskrieges (Österreich und Preußen gegen Frankreich). 11.7.: Aufruf der Nationalversammlung: »Das Vaterland ist in Gefahr.« 10.8.: Erstürmung der Tuilerien. Der König muß sich in den Schutz der Nationalversammlung begeben, wird suspendiert und gefangengenommen. 14.8.: Beschluß, die Gemeindegüter aufzuteilen und Besitzungen der Emigranten zu verkaufen. Ende August:

Die Feudalrechte werden entschädigungslos abgeschafft. Im September neue Massaker in Paris. Wahlen zum Nationalkonvent nach allgemeinem Wahlrecht; 21.9.: Der Konvent schafft das Königtum ab, Frankreich wird Republik.
Rouget de l'Isle: Marseillaise.

1793/94 Aufenthalte der Familie Chamisso in Lüttich, Haag und in Trier. Adelbert lebt zeitweise von der Familie getrennt. Erste Gedichte in französischer Sprache.

21.1.: Hinrichtung König Ludwigs XVI. Im Juni Beginn einer systematischen Schreckensherrschaft. England, Niederlande und Spanien unterstützen die österreichisch-preußische Koalition gegen Frankreich. Polen wird (zum zweitenmal) geteilt. 27.–29.7. 1794: Sturz und Hinrichtung Robespierres und seiner Anhänger. Ende der Schreckensherrschaft.
Fichte: Beitrag zur Berichtigung der Urteile des Publikums über die französische Revolution. Herder: Briefe zur Beförderung der Humanität. Kant: Religion innerhalb der Grenze der bloßen Vernunft.
Der Botaniker Christian Conrad Sprengel in Spandau entdeckt 1793 die Insektenbestäubung und wird damit zum Begründer der Blütenökologie.

1795 Die Familie Chamisso hält sich in Düsseldorf, Würzburg und Bayreuth auf. Adelbert hilft wie seine Brüder Hippolyte und Charles Louis als Miniaturmaler mit, den Familienunterhalt zu verdienen. Prudent erhält eine Lehrstelle in Berlin.

5.4.: Friede von Basel zwischen Frankreich und Preußen. Dritte Teilung Polens.
Goethe: Wilhelm Meisters Lehrjahre. Jean Paul: Hesperus. Friedrich Schlegel: Über das Studium der griechischen Poesie.

1796 Im Mai Ankunft Chamissos in der preußischen Hauptstadt. Maler in der Königlichen Porzellanmanufaktur, später Page der Königin Friederike Luise. Besuch des Französischen Gymnasiums in Berlin (bis 1798).
März: Ernennung Napoleons zum Oberbefehlshaber. Feldzug in Italien. Bündnis Spaniens mit Frankreich.

1797 Frieden von Campoformio zwischen Frankreich und Österreich. Ende des ersten Koalitionskrieges. In Preußen Regierungsantritt von König Friedrich Wilhelm III.
Friedrich Wilhelm Schelling: Ideen zu einer Philosophie der Natur. Schlegel beginnt seine Shakespeare-Übersetzungen.

1798 Chamisso wird Fähnrich der preußischen Armee im Berliner Regiment von Götze (Stadtgarnison).

Napoleons Feldzug gegen Ägypten. Niederlage der französischen Flotte gegen Admiral Nelsons Seestreitkräfte in der Bucht von Abukir.

Friedrich und August Wilhelm Schlegel gründen die Zeitschrift »Athenäum«, die zur führenden Stimme der Frühromantik wird.

1799 Chamisso beschäftigt sich mit den Schriften französischer Aufklärer (Voltaire, Diderot und Rousseau). Deutsche Lektüre: Werke Klopstocks und Schillers.

Im März Beginn des zweiten Koalitionskrieges: England, Rußland, Österreich, Portugal, Neapel und die Türkei gegen Frankreich. November: Staatsstreich Napoleons: Er errichtet eine Militärdiktatur und wird Erster Konsul (»18. Brumaire«).

Friedrich Schlegel: Lucinde. Novalis: Die Christenheit oder Europa. Alexander von Humboldt unternimmt eine Forschungsreise nach Mittel- und Südamerika.

Die erste Dampfmaschine in Berlin.

1800 Waffenstillstand zwischen Frankreich und Österreich. England annektiert Malta. Wiederherstellung der französischen Vormachtstellung in Italien durch Napoleons Sieg bei Marengo.

Schiller: Maria Stuart. Novalis: Hymnen an die Nacht.

1801 29. 1.: Chamisso wird zum Leutnant befördert. Februar: Rückkehr der Eltern nach Frankreich, Chamisso und sein Bruder Eugène bleiben aus finanziellen Gründen in Berlin zurück.

Friede zu Lunéville zwischen Frankreich und Österreich. Zar Alexander I. schließt mit England ein Bündnis gegen Frankreich.

August Wilhelm Schlegel: Vorlesungen über schöne Literatur und Kunst.

In Berlin wird die erste Zuckerrübenfabrik eröffnet.

1802 Chamisso überträgt ein französisches Trauerspiel von d'Arnaud ins Deutsche: Der Graf von Comminge. Im August reist er mit dem schwer erkrankten Bruder zu den Eltern nach Frankreich, wo Eugène stirbt.

Im März Friede von Amiens zwischen England und Frankreich. Ende des zweiten Koalitionskrieges. Napoleon wird durch Volksabstimmung Konsul auf Lebenszeit.

Novalis: Heinrich von Ofterdingen.

1803 Chamisso kehrt nach Berlin zurück. *Faust*-Fragment. Vorlesungen bei August Wilhelm Schlegel und Bekanntschaft mit Johann Gottlieb Fichte. Ein Freundeskreis mit literarischen und wissenschaftlichen Interessen entsteht: U. a. Louis de la Foye, Julius Eduard Hitzig, Ferdinand Koreff, Wilhelm Neumann, Ludwig Friedrich Franz Theremin, Karl August Varnhagen; später auch Heinrich Julius Klaproth. Verkehr in den jüdischen Häusern Cohen und Ephraim; Treffs in Chamissos Wachstube. Griechischstudium und Arbeit am »Musenalmanach auf das Jahr 1804« – Ende September auf Chamissos Kosten gedruckt. Liebe zu der französischen Emigrantin Cérès Duvernay.

Reichsdeputationshauptschluß: Entschädigung der durch die Abtretung des linken Rheinufers an Frankreich betroffenen Fürsten. Starke Gebietsvergrößerungen für Preußen, Bayern, Baden und Württemberg. Seekrieg zwischen Frankreich und England. Verkündung des Code Napoléon: erstes bürgerliches Gesetzbuch, in den Grundzügen bis heute gültig.

Herder und Klopstock sterben. Jean Paul: Titan.

1804 Chamisso lernt Griechisch. Arbeit am »Musenalmanach auf das Jahr 1805«. Gründung des »Nordsternbundes«, danach Auflösung des Berliner Freundeskreises, reger Briefwechsel. Freundschaft mit Augusta Klaproth. Cérès reist nach Königsberg ab.

Dezember: Krönung Napoleons zum Kaiser der Franzosen.

Kant stirbt.

In Berlin wird die Königliche Eisengießerei begründet. Alexander von Humboldt bringt die Dahlie in die preußische Hauptstadt.

1805 Arbeit am »Musenalmanach auf das Jahr 1806«. Ende August Marschbefehl für Chamissos Regiment nach Hessen.

Dritter Koalitionskrieg: England, Rußland, Österreich und Schweden gegen Frankreich. Frieden zu Preßburg: Preußen muß Napoleons Bedingungen akzeptieren. Als Ersatz für Gebietsverluste erhält Preußen das Kurfürstentum Hannover, vorher unter englischer Oberhoheit. Bei Austerlitz Sieg Napoleons über Rußland und Österreich.

Schiller stirbt. Achim von Arnim/Clemens Brentano: Des Knaben Wunderhorn, 1. Band. Ludwig van Beethoven: Fidelio. Alexander von Humboldt: 1. Band seiner umfangreichen Reisebeschreibung.

1806 März: Chamissos Regiment rückt als ständige Besatzung in die Festung Hameln ein. Ostern: Besuch von Varnhagen und Neumann in Hameln. Chamisso reicht sein Abschiedsgesuch vom Militär ein, das im Sommer abgelehnt wird. Die Erzählung *Adelberts Fabel.* Juli: Besuch bei Fouqué in Nenndorf bei Hameln. Arbeit am unvollendet gebliebenen Versdrama *Fortunati Glückssäckel und Wunschhütlein.* 21. 11.: kampflose Übergabe der Festung Hameln. Chamisso reist zu seiner Familie nach Frankreich, erfährt dort vom Tod seiner Eltern: Die Mutter starb am 20. 10., der Vater am 4. 11. Erneutes Treffen mit Cérès Duvernay.

Gründung des sogenannten »Rheinbundes«, dem außer Preußen, Österreich, Kurhessen und Braunschweig alle deutschen Staaten beitreten. 8. 10.: Preußen erklärt Frankreich den Krieg. 14. 10.: Sieg Napoleons bei Jena und Auerstedt. Ende Oktober Einzug des Kaisers der Franzosen in Berlin.
Hegel: Phänomenologie des Geistes.
Die erste Berliner Tageszeitung, »Der Telegraph«, erscheint.

1807 Chamisso hält sich bei seinen Geschwistern in Paris, Vertus und Troyes auf. Ende September Rückkehr nach Deutschland, Besuch bei Fouqué in Nennhausen, wo er auch Varnhagen und Neumann trifft. Im Oktober reist er mit Varnhagen zu Fuß nach Hamburg, kehrt schließlich nach Berlin zurück.

Frieden von Tilsit (9. 7.).
Fichte: Reden an die deutsche Nation.
17. 8.: Jungfernfahrt des von dem amerikanischen Ingenieur Robert Fulton erbauten ersten brauchbaren Dampfschiffs.

1808/09 Wachsende nationale Bewegung in Berlin, der sich Chamisso als Emigrant entzieht. 11. 1.: offizieller Abschied vom Militärdienst. Den Sommer über wohnt er bei seinem Freund Hitzig und verfaßt eine Rechtfertigungsschrift über sein Verhalten während der Kapitulation von Hameln. Ein für den von Varnhagen, Neumann, Fouqué und Bernhardi gemeinsam verfaßten Roman »Die Versuche und Hindernisse Karls« geschriebenes Kapitel Chamissos kommt für den Druck zu spät.

Beginn der preußischen Reformen des Freiherrn vom Stein.
Kleist: Marquise von O. Goethe: Faust I.

1809 März: Chamisso erhält von einer zur Untersuchung der Ereignisse in Hameln eingesetzten Kommission ein Zeugnis des Wohlverhaltens. Schwere Depressionen, zeitweise Tätigkeit als Privatlehrer. Sprachstudien und Lektüre der Weltliteratur.

Haydn stirbt.

1810 Berufung Chamissos als Lehrer für Griechisch nach Napoléonville in der Bretagne. Ende Januar Reise nach Frankreich. In Paris Nachricht, daß

Stelle gestrichen wurde. In der deutschen Kolonie Kontakt mit Alexander von Humboldt, Ludwig Uhland, August Wilhelm Schlegel, Varnhagen und Koreff. Intimes Verhältnis mit Helmina von Chézy; gemeinsame Arbeit an der Übersetzung von Schlegels Wiener »Vorlesungen über dramatische Kunst und Literatur« ins Französische. Chamisso sammelt französische Volkslieder. Ab Ende Juli im Kreis um Madame de Staël in Chaumont und Fossé bei Blois. 25.9.: Ausweisung der Madame de Staël aus Frankreich wegen ihres Buches »De l'Allemagne«. Chamisso fährt auf de Staëls Vermittlung zu Prosper de Barante nach Napoleon-Vendée. Umfangreiche Lektüre, unter anderem Rabelais' »Gargantua und Pantagruel«. Die Übersetzung der Schlegelschen Vorlesung wird immer mehr zur Last.

Fichte wird erster gewählter Rektor der neugegründeten Universität in Berlin.

1811 März: Chamisso reist über Paris nach Coppet am Genfer See zu Madame de Staël. Begegnung mit Simonde de Sismondi. Shakespeare-Lektüre und Übersetzung einer französischen Komödie ins Deutsche.

Selbstmord Kleists und Henriette Vogels am Kleinen Wannsee bei Berlin. Fouqué: Undine.

1812 Durch den Freund de la Foye Anregung, sich mit Botanik zu beschäftigen. Entschluß, in Berlin Naturwissenschaft zu studieren. Mai: Madame de Staël flüchtet vor Napoleons Schergen über Wien nach Rußland. 11.8.: Fußreise Chamissos über die Alpen. September: Rückkehr nach Berlin. Mitte Oktober: Student der Medizin. Vorlesungen in Anatomie, Botanik und Zoologie.

Napoleons Truppen marschieren nach Rußland.
Brüder Grimm: Kinder- und Hausmärchen.

1813 Chamisso unternimmt botanische Ausflüge in die Umgebung Berlins. Von Mai bis Oktober: Rückzug auf das Landgut der Familie Itzenplitz-Friedland in Kunersdorf bei Wrietzen im Oderbruch. Dort entsteht neben einer ersten botanischen Schrift auch *Peter Schlemihls wundersame Geschichte*. Nach der Rückkehr in Berlin Vorlesungen in Zoologie, Mineralogie, vergleichende Anatomie, Latein.

Ende Februar: Bündnis zwischen Preußen und Rußland. 16.3.: Preußen erklärt Frankreich den Krieg. Aufruf König Friedrich-Wilhelms III. »An mein Volk!« 16. bis 19.10.: Völkerschlacht bei Leipzig. Napoleon zieht sich über den Rhein nach Frankreich zurück.
Fichte: Staatslehre.

1814 Chamisso arbeitet an einem eigenen Herbarium. Vorlesungen über Naturphilosophie, Magnetismus und Elektrizität. »Serapiontische Abende« mit E. T. A. Hoffmann, Hitzig, C. W. Contessa und Fouqué. Herbst: *Peter Schlemihls wundersame Geschichte,* herausgegeben von Fouqué.

6. 4.: Abdankung Napoleons und Verbannung auf die Insel Elba. Beginn des Wiener Kongresses. Ende Mai: Erster Friede von Paris. Fichte stirbt. E. T. A. Hoffmann: Phantasiestücke.

Der englische Ingenieur George Stephenson baut seine erste Dampflokomotive.

1815 Chamisso schreibt zwei Kapitel für einen im Serapionskreis gemeinsam mit Contessa, Fouqué und Hoffmann entworfenen Roman: *Der Roman des Freiherrn von Vieren.* 12. 6.: Bestätigung als Naturforscher für eine russische Pazifik- und Arktisexpedition unter Otto von Kotzebue. 15. 7.: Abfahrt aus Berlin über Hamburg und Kiel nach Kopenhagen. 17. 8.: Beginn der Reise auf dem Expeditionsschiff »Rurik«. Bis Ende Dezember Fahrt über Plymouth und Teneriffa nach San Caterina in Brasilien.

März: Napoleon kehrt nach Frankreich zurück. Herrschaft der hundert Tage. 18. 6.: Schlacht bei Waterloo. 7. 7.: Napoleon wird auf die Insel St. Helena verbannt. 20. 11.: Zweiter Friede von Paris. Ende des Wiener Kongresses. Gründung des Deutschen Bundes. In Jena wird die »Allgemeine Deutsche Burschenschaft« gegründet.

Berlin: erste Dampfmaschinenfabrik.

1816 Im Januar umsegelt Chamisso Kap Horn. Anfang März: Aufenthalt in Chile und Vorbereitung der Pazifikdurchquerung. 17. 7.: Beginn der ersten Nordfahrt, Entdeckung des Kotzebue-Sunds. Über Unalaschka (Aleuten) weiter nach San Francisco und von dort nach Hawaii, Aufenthalt bis März 1817.

E. T. A. Hoffmann: Die Elixiere des Teufels.

Auf der Spree verkehrt erstmals ein Dampfschiff.

1817 Januar bis März: Ratak. April: Weiterfahrt nach Unalaschka (Aleuten). Ende Juni bis Mitte Juli: Zweite Nordfahrt, abgebrochen am 12. 7. Rückfahrt über Unalaschka, Hawaii, Ratak bis zu den Philippinen.

Auf dem Wartburgfest der deutschen Burschenschaften Forderung nach Einheit Deutschlands. Symbolische Bücherverbrennung durch radikale Minderheit.

1818 Februar bis Juli: Rückreise durch die Sunda-Straße, über Kapstadt, St. Helena, Portsmouth. Weiterfahrt über Kopenhagen nach St. Petersburg (Ende September). 31. 10.: Ankunft in Berlin. Chamisso verfaßt den wissenschaftlichen Teil seiner Reisebeschreibung: *Bemerkungen und Ansichten*, die erst 1821 erscheinen. Außerdem Entwürfe zu einem geplanten zweiten Teil von *Die Versuche und Hindernisse Karls.*

1819 20. 3.: Chamisso wird zum Ehrendoktor der Berliner Universität ernannt, zehn Tage später wird er Mitglied der Gesellschaft Naturforschender Freunde in Berlin. Anstellung als erster Assistent am Botanischen Garten und als zweiter Kustos am Königlichen Herbarium. 25. 9.: Heirat mit Antonie Piaste, einer Pflegetochter Hitzigs. Gedichte im roten »Hausbuch«, wissenschaftliche Arbeiten.

23. 3.: August von Kotzebue, Schriftsteller und Vater des »Rurik«-Kapitäns, wird von einem fanatisierten Burschenschaftler ermordet. August: Karlsbader Beschlüsse gegen die liberale Oppositionsbewegung. Maßnahmen gegen »demagogische Umtriebe«, strenge Überwachung der Universitäten, verschärfte Zensurbestimmungen.

Goethe: Westöstlicher Diwan. Schopenhauer: Die Welt als Wille und Vorstellung.

1820 Chamisso bezieht ein Haus in Schöneberg als Dienstwohnung. 14. 9.: Geburt des ersten Sohnes Ludwig Deodatus, genannt Ernst. Botanische Schriften, u. a. *Ein Zweifel und zwei Algen.*

»Wiener Schlußakte«. Beginn des griechischen Freiheitskampfes. Aufstände in Spanien und Neapel.

E. T. A. Hoffmann: Lebensansichten des Katers Murr.

Der dänische Chemiker und Physiker Hans Christian Ørsted entdeckt die Ablenkung einer Magnetnadel durch den elektrischen Strom und begründet damit die Lehre vom Elektromagnetismus.

1821 Chamissos *Bemerkungen und Ansichten* erscheinen als dritter Band von Otto von Kotzebues »Entdeckunsgreise in die Südsee und nach der Bering-Straße ...« Untersuchung des Torfmoors bei Linum im Havelland. Übersetzung des *Schlemihl* durch Chamissos Bruder Hippolyte. Überarbeitung der Übersetzung und Vorwort zur ersten französischen Ausgabe. Erste politische Gedichte.

Napoleon stirbt auf St. Helena. Beginn der griechischen Freiheitsbewegung gegen die Türkei.

Carl Maria von Weber: Der Freischütz.

In Berlin wird eine Eisengießerei gegründet.

1822 Juli: Chamissos Schöneberger Gartenhaus brennt ab. Er lernt den Dichter Hoffmann von Fallersleben kennen, schreibt selbst vermehrt Gedichte. Im Mai Geburt des zweiten Sohnes: Wahrmund, genannt Max.

Heinrich Heine: Gedichte.

1823 Juni: Chamisso reist nach Greifswald und Rügen. Untersucht die pommerschen Torfmoore.
Die sogenannte »Monroe-Doktrin« der USA wird verkündet: Nichteinmischung Europas in amerikanische Angelegenheiten.

1824 Chamisso verfaßt eine *Übersicht der nutzbarsten und der schädlichsten Gewächse, welche wild oder angebaut in Norddeutschland vorkommen ...*, deren Einleitung, *Ansichten von der Pflanzenkunde und vom Pflanzenreich*, ihm besonders wichtig ist. Er wird Mitglied der von Hitzig gegründeten literarischen »Mittwochsgesellschaft«, der u. a. Eichendorff, Fouqué, Varnhagen, Neumann und Immermann angehören.
Karl X. wird König von Frankreich.
Beethoven: Neunte Symphonie.

1825 9., 12. und 14. 5.: Aufführung von Chamissos Lustspiel *Die Wunderkur*. Im Oktober Reise nach Paris, um Ansprüche als französischer Emigrant nach dem »Reparationsgesetz« anzumelden; er erhält eine Entschädigungssumme in Höhe von 91093 Franc. In Paris Teilnahme an Demonstrationen der liberalen Opposition. Begegnung mit dem Reisegefährten Louis Choris und dem Jugendfreund Auguste de Staël. Er lernt den Weltumsegler Dumont d'Urville und Lafayette kennen. Besuch bei de la Foye in Caen. Mitte Dezember Rückreise nach Deutschland.
Die Prachtstraße »Unter den Linden« in Berlin erhält eine Gasbeleuchtung. Erste Eisenbahn.

1826 Januar: Chamissos Rückkehr nach Berlin. Seine botanischen Schriften, Auswertungen der Reise um die Welt, erscheinen fortlaufend in Schlechtendahls Zeitschrift »Linnaea«.
Eichendorff: Aus dem Leben eines Taugenichts.

1827 Juni: Geburt von Chamissos erster Tochter: Adélaïde. Einen Monat zuvor erscheint zweite Auflage des *Schlemihl* mit einem Anhang von Chamissos Gedichten. Umfangreiches lyrisches Schaffen, unerwarteter Erfolg als »deutscher Dichter«.
Beethoven stirbt. Heine: Buch der Lieder.

1828 Chamisso verfaßt neben zahlreichen Gedichten einen Aufsatz *Über Zensur und Preßfreiheit* und *Der Wunderdoktor*.

1829 März: Geburt von Chamissos zweiter Tochter: Johanna.
Alexander von Humboldt unternimmt eine Forschungsreise nach Sibirien.

1830 Die Julirevolution in Paris wird von Chamisso begeistert verfolgt. September: Reise nach Hamburg zur Versammlung der Naturforscher, trifft Heinrich Heine. Ende des Jahres Geburt des dritten Sohnes: Adolph.

In der Folge der Pariser Julirevolution Unruhen in Belgien, Mitteldeutschland, Polen und Mittelitalien.
Schneidergesellenunruhen in Berlin (»Schneiderrevolution«).

1831 Ostern: Eine Gesamtausgabe der *Gedichte* Chamissos erscheint im Weidenmannschen Verlag.

Hegel stirbt.

1832 Chamisso beginnt mit der Redaktion des deutschen »Musenalmanachs«, zusammen mit Gustav Schwab. August: Reise nach Rügen. Oktober: Geburt des vierten Sohnes: Hermann.

Während des Hambacher Festes fordern fast 30000 Teilnehmer die deutsche Einheit und eine Republik sowie ein unabhängiges Polen.
Englische Parlamentsreform.
Goethe stirbt. Faust II erscheint.

1833 April: Chamisso wird erster Kustos am Königlichen Herbarium. Mai/Juni: schwere Grippe, andauernde Krankheit.

Gründung des Deutschen Zollvereins mit 18 deutschen Staaten unter der Führung Preußens. Im britischen Weltreich wird die Sklaverei abgeschafft. In Frankfurt stürmen Burschenschaftler die Hauptwache.

1834 Zweite Auflage von Chamissos gesammelten *Gedichten.* Arbeit am *Tagebuch* seiner Weltreise für eine geplante Werkausgabe.

Liberale Verfassung in Spanien.
Eichendorff: Dichter und ihre Gesellen.

1835 Januar: Geburt des fünften Sohnes: Adelbert. Mai: Dritte Auflage des *Schlemihl.* Chamisso wird zum Mitglied der Berliner Akademie der Wissenschaften gewählt. Juli/August: Kuraufenthalt in Bad Reinerz.

Von der Bundesversammlung werden die Bücher des sogenannten Jungen Deutschland (u. a. Börne und Heine) verboten.
Büchner: Dantons Tod.
Erste deutsche Eisenbahn.

1836 Streitigkeiten bei der Redaktion des »Deutschen Musenalmanachs« wegen der geplanten Aufnahme eines Heinebildnisses. Juli/August: Chamisso fährt zur Kur nach Bad Charlottenbrunn. Dritte, erweiterte Auflage der gesammelten *Gedichte.* Abhandlung *Über die Hawaiische Sprache.* Herausgabe einer vierbändigen Werkausgabe.

Samuel Morse entwickelt den Schreibtelegraphen.

1837 21. 5.: Tod von Chamissos Frau. Arbeit an Wörterbuch der hawaiischen Sprache. Ende August Reise nach Leipzig, um auf der ersten Teilstrecke der Eisenbahn von Leipzig nach Dresden zu fahren. Er verfaßt unter anderem ein Vorwort zur zweiten Auflage der französischen *Schlemihl*-Übersetzung.

Aufhebung der hannoverschen Verfassung durch König Ernst August. November: Protest der »Göttinger Sieben« dagegen.

In Berlin wird die Eisengießerei und Maschinenbauanstalt August Borsig gegründet.

1838 Von Februar bis April arbeitet Chamisso zusammen mit Franz von Gaudy an Nachdichtungen der Lieder Bérangers. 4. 8.: Versetzung in den Ruhestand. 12. 8.: Abschluß der Redaktionsarbeiten des »Deutschen Musenalmanachs 1839«. 21. 8.: Chamisso stirbt in Berlin und wird zwei Tage später auf dem Friedhof vor dem Halleschen Tor begraben.

Quellenverzeichnis

Werkausgaben

Chamissos Werke. Kritisch durchgesehene und erläuterte Ausgabe. Hg. Hermann Tardel. Bd. 1–3, Leipzig und Wien o. J. (1907/8)

Adelbert von Chamisso: Sämtliche Werke in zwei Bänden. Nach dem Text der Ausgaben letzter Hand und den Handschriften. Textredaktion Jost Perfahl. Bibliographie und Anmerkungen Volker Hoffmann, München 1975

Adelbert von Chamisso. Sämtliche Werke in zwei Bänden, Hg. Werner Feudel und Christel Laufer, Leipzig 1980

Briefe

Geiger, Ludwig: Aus Chamissos Frühzeit. Ungedruckte Briefe nebst Studien, Berlin 1905

Leben und Briefe von Adelbert von Chamisso. Hg. Julius Eduard Hitzig, in: Adelbert von Chamissos Werke Bd. 5 und 6, Leipzig 1839

Biographien

Feudel, Werner: Adelbert von Chamisso, Leipzig 1980

Lahnstein, Peter: Adelbert von Chamisso. Der Preuße aus Frankreich, München 1984

Historischer Hintergrund

Büchner, Georg: Werke und Briefe, München 1980

Durant, Will und Ariel: Die Französische Revolution und der Aufstieg Napoleons, München 1979

Durant, Will und Ariel: Die Napoleonische Ära, München 1987

Lutz, Heinrich: Zwischen Habsburg und Preußen. Deutschland 1815–1866, München 1985

Möller, Horst: Fürstenstaat oder Bürgernation. Deutschland 1763–1815, München 1989

Nipperdey, Thomas: Deutsche Geschichte. 1800–1866. Bürgerwelt und starker Staat, München 1983

Hg. Reichardt, Rolf: Ploetz: Die Französische Revolution, Würzburg 1988

Wehler, Hans-Ulrich: Deutsche Gesellschaftsgeschichte. 1700–1815, München 1987

– Deutsche Gesellschaftsgeschichte. 1815–1845/49, München 1987

Weis, Eberhard: Der Durchbruch des Bürgertums. 1776–1847. (Propyläen Geschichte Europas, Bd. 4), Frankfurt/Main – Berlin – Wien 1975

Sonstiges

Brockhagen, Dörte: Adelbert von Chamisso, in: Literatur der sozialen Bewegung: Aufsätze und Forschungsberichte zum 19. Jahrhundert, Hg. Alberto Martino in Verbindung mit Günter Häntzschel und Georg Jäger, Tübingen 1977

Chamisso, Dorothea von/Friedrich Karl Timler: Chamissos Berliner Zeit. Vom Pagen zum Direktor des Botanischen Gartens: Der Dichter Adelbert von Chamisso, in: Berliner Forum 4/1982

Friedell, Egon: Kulturgeschichte der Neuzeit, Band 2, München 1984

Hg. Friedrich, Heinz: Chamissos Enkel. Literatur von Ausländern in Deutschland, München 1986

Mann, Thomas: Schriften und Reden zur Literatur, Kunst und Philosophie, Frankfurt/Main 1968

Menza, Gisela: Adelbert von Chamissos »Reise um die Welt mit der Romanzoffischen Entdeckungs-Expedition in den Jahren 1815–1818«. Versuch einer Bestimmung des Werkes als Dokument des Übergangs von der Spätromantik zur vorrealistischen Biedermeierzeit, Frankfurt/Main 1978

Rath, Philipp: Bibliotheca Schlemihliana. Ein Verzeichnis der Ausgaben und Übersetzungen des Peter Schlemihl. Nebst neun unveröffentlichten Briefen Chamissos und einer Einleitung von Philipp Rath, in: Bibliographien und Studien, Hg. Martin Breslauer, Berlin 1919

Hg. Schneebeli-Graf, Ruth: Adelbert von Chamisso ... Und lasse gelten, was ich beobachtet habe. Naturwissenschaftliche Schriften mit Zeichnungen des Autors, Berlin 1919

Varnhagen von Ense, Karl August: Denkwürdigkeiten des eignen Lebens, Bd. 1–3, Berlin 1983, in: Bibliothek deutscher Klassiker, Frankfurt/Main 1987

Hg. Walach, Dagmar: Erläuterungen und Dokumente. Adelbert von Chamisso. Peter Schlemihls wundersame Geschichte, Stuttgart 1982

Bildnachweis

Bildarchiv Preußischer Kulturbesitz, Berlin:
Seite 111, 112, 115, 167, 169, 178

Archiv für Kunst und Geschichte, Berlin:
Seite 65, 81, 144, 160, 161, 189

Bayerische Staatsbibliothek, München:
Seite 143

Alle übrigen Abbildungen stammen aus den Archiven Dorothea von Chamissos, des Autors und des Verlages.